中国高等教育拨款制度研究

ZHONGGUO GAODENGJIAOYU
BOKUAN ZHIDU YANJIU

张祥伟 ◎ 著

中国政法大学出版社

2020·北京

声　　明　　1. 版权所有，侵权必究。

　　　　　　2. 如有缺页、倒装问题，由出版社负责退换。

图书在版编目（ＣＩＰ）数据

中国高等教育拨款制度研究/张祥伟著. —北京：中国政法大学出版社，2020.9

ISBN 978-7-5620-9645-0

Ⅰ.①中… Ⅱ.①张… Ⅲ.①高等教育－教育拨款－财政制度－研究－中国 Ⅳ.①G647.5

中国版本图书馆 CIP 数据核字(2020)第 170353 号

出 版 者	中国政法大学出版社
地　　址	北京市海淀区西土城路 25 号
邮寄地址	北京 100088 信箱 8034 分箱　邮编 100088
网　　址	http://www.cuplpress.com（网络实名：中国政法大学出版社）
电　　话	010-58908586(编辑部) 58908334(邮购部)
编辑邮箱	zhengfadch@126.com
承　　印	固安华明印业有限公司
开　　本	880mm×1230mm　1/32
印　　张	7.5
字　　数	180 千字
版　　次	2020 年 9 月第 1 版
印　　次	2020 年 9 月第 1 次印刷
定　　价	49.00 元

前言 PREFACE

20世纪末,伴随着普通高校的大规模扩招,我国高等教育正式迈入大众化阶段。据教育部统计,2019年全国各类高等教育在学总规模[1]达到3833万人,高等教育毛入学率达到48.1%。[2]在我国高等教育事业跨越式发展的同时,高等院校经济活动的总量出现大幅度增加,呈现出经济活动多样化、经费筹集多元化的特点。具体到我国公立高校占据绝对主体地位的现实状况下,高等院校在积极建立和拓展其他经费筹集渠道的同时,国家财政拨款仍然是

---

[1] 包括研究生、普通本专科、成人本专科、网络本专科、高等教育自学考试本专科等各种形式的高等教育在学人数。

[2] 全国共有普通高等学校2663所(含独立学院265所),比上年增加32所,增长1.22%。其中,本科院校1245所,比上年增加2所;高职(专科)院校1418所,比上年增加30所。全国共有成人高等学校277所,比上年减少5所;研究生培养机构815个,其中,普通高校580个,科研机构235个。普通高等学校校均规模10 605人,其中,本科院校14 896人,高职(专科)院校6837人。

我国大部分高等院校经费来源的主渠道，并且我国《教育法》明确规定"国家建立以财政拨款为主、其他多种渠道筹措教育经费为辅的体制"。由此可见，我国大部分高等院校发展经费的主要来源依然是政府财政拨款，而对于本书所要探讨的我国高等教育拨款制度则通常仅限于（或专指）政府财政拨款这一方式。

我国的高等教育拨款制度是指政府向高等院校拨付供其发展的资金的制度安排，其伴随着我国经济体制、教育体制和财政体制的改革而不断改进。高等教育经费的拨付方式通常情况下可以分为两种：一种是直接拨款方式，另一种是间接拨款方式。直接拨款是指政府直接或者通过一个缓冲机构（或中间机构）的形式将高等教育经费拨付给高等院校的方式；而间接拨款则是指政府将教育经费通过对学生进行直接资助的形式将教育经费支付给学生，再由学生以支付学费的方式转移支付给学校。直接拨款方式根据拨款依据影响因素的不同通常包含协商拨款、投入拨款、产出拨款等类型。而间接拨款方式则一般是由政府发放特定的教育凭证给学生，学生则通过教育凭证向高等院校交换获得教育服务，高等院校则凭借教育凭证获得政府的教育经费，如采用教育券等形式。

通常而言，高等教育拨款制度作为一个制度系统，至少应当包含体制、机制、模式三个方面的要素。以直接拨款的方式为例，所谓体制要素，是指高等教育拨款是采用政府直接面对高等院校的二元结构，还是采用政府通过中介组织间接面对高等院校的三元结构。所谓机制要素，是指高等教育拨款是采用投入式拨款的方式，还是采用产出式拨款的方式。所谓拨款模式，则是指高等教育拨款是采用一种公式拨款的操作方式，还是采用一种增量拨款的操作方式，或者是多种操作方式的结合模式。目前，我国的高等教育拨款制度主要实行的是政府直接面对高等院校的二元结构下的分级拨款体制、投入型的拨款机制以及"基本支出预算+项目支出预算"的拨款模式。但根据《统筹推进世界一流大学和一流学科建设总体方案》的规定，我国高等教育拨款制度呈现出一种趋势：第三方参与评价体制下以绩效拨款模式为主的产出型拨款机制三要素相协调的制度设计。

目 录 CONTENTS

前 言 ………………………………………………… 001

第一章 我国高等教育拨款制度历史沿革、问题及趋势 ……………………………………… 001

 第一节 我国高等教育拨款制度之历史沿革 ……… 002

 第二节 我国高等教育拨款制度所存之问题 ……… 017

 第三节 新政策凸显追求绩效之倾向和第三方参与之要求 ………………………………… 047

第二章 高等教育拨款制度设计之核心关注 ………… 060

 第一节 拨款制度制定过程之核心关注——价值冲突 ……………………………………… 061

 第二节 绩效导向的拨款模式之选择 ……………… 076

 第三节 绩效拨款制度选择之核心关注——绩效指标体系 ………………………………… 096

第三章　第三方参与主体之选择——高等教育拨款咨询委员会 …… 107

第一节　我国建立高等教育拨款咨询委员会之必要性分析 …… 110

第二节　国外拨款制度之考察——他山之石 …… 116

第三节　高等教育拨款咨询委员会之定位 …… 133

第四节　高等教育拨款咨询委员会组织构成、运行特点及原则 …… 147

第四章　第三方参与背景下绩效导向之拨款制度设计 …… 180

第一节　建立健全针对高等院校的评估制度 …… 180

第二节　绩效拨款试点工作之理性评析 …… 190

第三节　绩效导向之拨款公式设计 …… 204

第四节　绩效导向拨款制度保障机制之构建 …… 208

参考文献 …… 220

第一章 CHAPTER1
我国高等教育拨款制度历史沿革、问题及趋势

高等教育拨款制度作为一项政府与高等院校之间的财政支持制度，其既是我国教育制度和财政制度二者结合之专项性制度，又是一项涉及体制、机制和模式三要素之综合性制度。而作为一项独立制度，如要对其予以进行剖析和研究，必先"知其史"，方能"把其脉"。因此，对于我国整个高等教育拨款制度之历史沿革、现存问题及未来发展趋势的探讨则势在必行。经分析，我国高等教育拨款制度在体制和模式方面均发生过较明显的发展变化，这主要可归因于我国整个经济体制和教育体制之变化。而高等教育拨款制度之机制则呈现出一种固定性，即始终以投入型为主，只是伴随着整个政府运行体制的改革大势，逐渐呈现出一种由投入型向产出型转变之趋向，即开始注重高等教育拨款之绩效考量。基于此，新时期的国家政策和相关文件的出台，也对此种趋向予以肯定，并比较明晰地呈现

出一种绩效拨款模式和第三方参与的诉求。

第一节 我国高等教育拨款制度之历史沿革

我国高等教育拨款制度之历史沿革主要体现在拨款体制和拨款模式的转变两个方面。其中，拨款体制的变化主要体现在政府教育投入体制的改革与政府间教育支出分担休制方面的改革两个交叉性的视角方面。拨款模式的变化则经历了"基数+发展""综合定额+专项补助模式""基本支出预算+项目支出预算"三个逐渐发展变化的阶段。而整个高等教育拨款制度则呈现出一种"政府-高等院校"之二元结构和固定的投入型拨款机制之特征。

一、高等教育拨款体制之演变

我国高等教育财政拨款体制基于我国经济体制由计划经济体制向市场经济体制的转型，同样可以划分为计划经济体制下的拨款体制和市场经济体制下的拨款体制两个阶段。[1]第一阶段是计划经济体制下由中央统一财政和分级管理的阶段（1949~1978年），在此阶段，根据高校行政隶属关系和"条块结合"的高校教育经费管理办法，由中央

---

〔1〕 俞晋："高等教育财政拨款体制研究"，西南交通大学2010年硕士学位论文。

第一章　我国高等教育拨款制度历史沿革、问题及趋势

部委和地方政府制定高等教育发展规划和编制高校教育经费预算，上报中央统一审批后再分别拨付教育经费。第二阶段是市场经济体制下的分级财政和分级管理阶段（1979年至今），在此阶段，中央财政负责部属高校教育经费，地方财政负责地方高校教育经费。从我国高等教育财政拨款体制的演变特征上看，高等教育财政体制从高度集中的国家教育财政体制逐步转变为中央宏观调控，中央政府和地方政府分级负担和管理所属高校教育经费的体制。总体来看，我国高等教育财政体制在不断适应经济体制变化的过程中加强了对高校教育经费需求的保障。[1]具体而言，高等教育拨款体制的演变又主要体现在教育投入体制的改革和政府间教育支出分担体制的改革。

（一）高等教育投入体制方面的改革

改革开放前，我国高等教育财政体制的安排与我国整体经济发展格局具有一致性，均呈现出一种带有城乡二元化色彩的体制特征。由于当时国家的整个财政体制是在全国范围内实行"统收统支"的政策，而下级政府的财政收支则是由其上级政府并最终均由国家中央财政予以决定，因此虽然在名义上不同类型和级别的高等院校是由不同层级的政府予以举办和负担，然而在事实上则不存在由各级

---

[1] 林亚男：“地方高校教育财政保障创新研究”，载《教育评论》2018年第10期。

· 003 ·

政府分担高等教育经费的问题。在这一财政体制的控制和作用之下，城乡之间的巨大差距主要集中在教育经费和教育机会两个方面，但地区之间及学校内部的群体之间教育经费和教育机会差距则相对较小，从某种程度上讲，整个高等教育财政之公平程度相对而言比较高。[1]

自1978年改革开放以来，我国的高等教育投入体制发生了重大性的改革，但就总体而言，可以2005年为界将其划分为两个重要时期：第一个时期可以称其为市场力量增强的时期，这一时期以极力拓展高等教育投入渠道为特征，并以解决经费短缺为主要目标；第二个时期可以称其为政府力量增强的时期，这一时期处于对投入渠道的尽力完善阶段，解决高等教育经费短缺与提高高等教育公平双重目标并重。改革开放初期，政府整体的财政资金相对紧张，大幅度增加教育经费显得捉襟见肘，致使高等院校经费出现相对短缺的情形。基于此种情形，通过拓展新的筹资渠道以增加高等教育经费，是整个高等教育财政改革之首要目标。因此，从20世纪80年代初期开始，各级政府均出台了一系列的改革举措以实现增加高等教育经费之目的。在此阶段，国家通过开征教育附加费、创建学费制度等手段增加了高等教育经费之收入。然而，至2000年前后，全国

---

[1] 袁连生、何婷婷："中国教育财政体制改革四十年回顾与评价"，载《教育经济评论》2019年第1期。

第一章　我国高等教育拨款制度历史沿革、问题及趋势

家庭的教育经费负担已经达到了很高的水平。随着高校学费水平的快速提高，又导致一部分家庭尤其是农村家庭难以负担大学教育的成本，进而使得教育公平的目标偏离轨道。在 2000 年以后，随着我国经济的快速发展，财政收入也实现了高速增长，为增加政府教育投入、减轻家庭教育负担从根本上提供了可能。在此背景下，教育投入体制改革从两个方面予以展开：一方面通过完善针对学生的资助制度进而减轻家庭对于高等教育的负担，以提升整个教育财政公平的高度；另一方面通过大幅度增加政府的高等教育投入，强制实现 4% 的目标，以提升和保证教育财政的充足性。2010 年，中共中央、国务院印发的《国家中长期教育改革和发展规划纲要（2010—2020 年）》再次明确提出，"……提高国家财政性教育经费支出占国内生产总值的比例，2012 年达到 4%"。[1]

（二）政府间教育支出分担体制方面的改革

改革开放以前，我国实行的是中央集权下"统收统支"的财政体制，尽管形式上实行的是谁办学谁负担的政策，但实际上各级各类教育的财政责任最终都是由中央政府承担。而改革开放后，国家对统收统支的财政体制被改革，各级政府之间的财政收支界限逐渐予以强化，其相互之间

---

[1] 袁连生、何婷婷："中国教育财政体制改革四十年回顾与评价"，载《教育经济评论》2019 年第 1 期。

以增加本级财政收入减轻本级财政支出责任的相互博弈持续演进。政府间教育经费分担体制的改革，以 2000 年为界，大致经历了一个支出责任"先下推后上移"的演进过程。[1]

第一阶段：以强调地方政府负担责任为特征，进而实现教育支出责任的"下推"。改革开放初期进行的财政包干和分成制的财政体制改革，使地方财政收入增长速度要比中央快，而在地方上则是基层政府要比高层政府快。基于此，不仅中央将教育支出责任下推到地方政府，地方高层政府也仿效中央，高层政府为了减轻自身的整体财政支出压力，利用其政策和法律法规制定者和解释者之地位优势，将高等教育经费的支出责任层层下推。而高等教育经费支出责任的过度下推，致使高等教育财政不公平和不充足的问题变得相对突出和严重。[2]

第二阶段：中央和高层政府增强高等教育转移支付力度，实现高等教育经费支出责任的"上移"。一方面，1994年实施的分税制改革和国家整体经济的快速发展，使得中央和地方高层政府财力大大增强，使其具备了承担更多高等教育财政责任的财力。另一方面，为了减轻农民之高等

---

[1] 袁连生、何婷婷："中国教育财政体制改革四十年回顾与评价"，载《教育经济评论》2019 年第 1 期。

[2] 袁连生、何婷婷："中国教育财政体制改革四十年回顾与评价"，载《教育经济评论》2019 年第 1 期。

教育经费负担，中央政府 2000 年开始在全国推进农村的税费改革，其中一项最重要的内容就是取消农村教育费附加和教育集资。在这一背景下，为了不因税费改革减少基层政府的总体财力，中央和省级政府实施了农村税费改革转移支付，其中高等教育转移支付就是其中的主要部分。基于此，政府高等教育支出责任开始"上移"。除此之外，自 2007 年开始，中央政府对高等教育学生资助体系进行了完善和扩展，大幅度增加了对特殊学生的资助投入。至 2016 年，国务院出台《关于推进中央与地方财政事权和支出责任划分改革的指导意见》，将高等教育确定为中央和地方的共同责任事权和支出责任。经过上述一系列的改革，形成了目前高等教育经费由中央、省和市三级政府共同负担，以省为主的格局。[1]

二、高等教育拨款模式之演变

我国高等教育拨款模式主要经历了三个阶段，第一个阶段是从中华人民共和国成立初期至 1985 年的"基数+发展"的渐进式拨款模式，要求高等院校"专款专用、结余上缴"；第二个阶段是从 1986 年起改用的"综合定额+专项补助"的拨款模式，高等院校实行"包干使用、超支不补、

---

[1] 袁连生、何婷婷："中国教育财政体制改革四十年回顾与评价"，载《教育经济评论》2019 年第 1 期。

结余留用"这种模式。[1]第三个阶段是2002年开始的"基本支出预算+项目支出预算"的模式。

(一) 第一阶段:"基数+发展"模式

从1949年到1985年,高等院校经费的核拨基本上是按照"定员定额"的办法进行的,依据事业单位机构规模的大小或者事业单位发展的需求合理地确定其各种人员编制、房屋以及设备标准、行政和业务费用的开支额度、器材的储备量等。[2]使用此种方法针对高等院校进行核拨经费,其基本的公式可以概括为某高等院校所获得的拨款总额就等于提前预设的各项定额标准分别与其相应的定员数相乘然后再将其加总。通过这种定员定额方法,财政部门向高等教育主管部门核拨经费,高等教育主管部门再向其所属的高等院校拨付经费。由此可见,当时政府在对高等院校的拨款进行核定时,主要是依据"基数+发展"的方式来对高等教育经费予以分配,即各高等院校当年的经费分配额是以其前一年所分配的份额为基础,再辅之以考虑其当年的事业发展变化的情况而定。可见,这是一种呈现出"渐进式特征"的高等教育经费的拨付方法,它是以高等院校

---

[1] 尹玉玲:"论我国高等教育财政体制改革的历史、现状与未来",载2004年中国教育经济学学术年会论文(二)。

[2] 参见1955年8月原文化部、教育部、原卫生部、财政部联合发布的《关于加强文教卫生事业定员定额的制定工作的联合通知》。

的历史支出结果为基础,并不是基于对其实际需求进行合理的成本分析。因此,在制定每年所需拨付经费预算的时候,高等院校前一年的花费便成了决策机构所遵循的唯一关键的标准,而不是每所高等院校的实际运行需求。

(二) 第二阶段:"综合定额+专项补助模式"

财政部、原国家教委1986年10月颁发的《高等学校财务管理改革实施办法》规定:"高等学校年度教育事业费预算,由主管部门按照不同科类、不同层次学生的需要和学校所在地区的不同情况,结合国家财力的可能,按'综合定额加专项补助'的办法进行核定。"根据此规定,我国确立了全国各级财政针对各级教育主管部门所属高等院校的教育事业费核定应采用"综合定额+专项补助"的办法。在"综合定额+专项补助"的分配方式下,各高等院校的教育经费则变成由两部分构成,一部分就是综合定额,它是依据相关的政府主管部门针对不同层次、不同类型、不同地区的学生所制定的生均经费的定额标准以及各高等院校的在校生数来核定下达,即运用生均拨款标准乘以政策参数(在校生数)而得出。当然,其中的"定额"标准会根据经济社会发展的变化和进步,需要在考虑物价的基础上对其做出适当调整。另一部分就是"专项补助",其实质是对"综合定额"的一种补充,主要是针对各高等院校特殊需要的考虑,由财政部门与高等教育主管部门按照国家的政策导向以及高等院校的特殊需要而单纯核拨给高等院校使用的专项性经费。

这种拨款模式与"基数+发展"的拨款模式相比较而言,存在其明显的优势。它对高等院校的办学规模予以了综合考虑,并且在一定程度上与高等院校的办学需求相吻合,有利于合理地配置高等教育经费。另外,对各高等院校实行"包干使用、超支不补、结余留用"的政策,因此各高等院校对拨款可以进行自主安排与使用,并且在一定程度上可以有效地防止高等院校资金的浪费,促进各高等院校办学的积极性。但同时必须注意该种拨款模式可能会导致高等院校盲目扩招进而对办学规模失去理性,并且该模式仍不能反映高等院校的实际办学成本。

(三)第三阶段:"基本支出预算+项目支出预算"

自2002年开始,财政部对中央直属的高等院校的预算核定模式为:基本支出预算+项目支出预算。预算拨款体系包括基本支出和项目支出两部分,占比约为6∶4。其中,"基本支出预算"是按照定员定额的方式进行管理,主要是为了保障各高等院校能够正常运转进而完成其日常性的工作任务,用于人员经费支出与日常公用经费支出的生均综合定额拨款,还包括离退休补助经费等政策性经费。而生均综合定额拨款的标准则又是依据"人员经费基本持平、公用经费体现差异"这一基本原则而制定的。本科层次教育的生均综合定额依据 12 个大类学科的设置方法进而设定不同档次的学科折算系数,从而针对不同的专业实行不同的经费定额标准,据以体现出不同专业在办学成本方面所存在的差异,除此之外,还针对少数特殊高等院校以及部分特殊专业进行倾向性的拨款。而针对研究生层次教育的生均综合定额仅仅只是按照硕士与博士的区别而分别设定统一的拨款标准,目前并未将学科以及学校层面的差异予以考虑。"项目支出预算"则是中央财政为完成其特定的工作任务或者事业发展目标而予以拨付的专项性经费。项目支出主要用于高等院校完成特定的工作任务或事业发展目标,主要包括用于改善办学条件、教学科研、重点建设等方面的 13 个项目。这一专项经费则是与国家经济社会的发展战略、高等教育事业的自身发展需要以及国家财政情况相适应而设立的。目前,教育类项目支出预算拨款可以分为重点引导类、改善办学条件类、绩效引导类、学生资助类、国际交流类以及其他类别。总体而言,该模式能够抓住高等院校办学的核心成本——招生规模这一要素进行拨付办学经费,重点突出整个办学经费中的"生均经费拨款"的地位,资金的使用效率问题在一定程度上能够解决。

三、我国高等教育拨款制度之核心特征

基于对我国高等教育拨款制度之拨款体制和拨款模式

发展变化之梳理,可以明确无论高等教育拨款责任在不同层级政府之间是"下推"过程还是"上移"过程,更抑或是整个投入体制跟随我国财政体制改革之变化,在我国整个高等教育的投入主体均是政府,而高等院校则是高等教育拨款之客体,从结构上呈现出一种"政府-高等院校"二元之特征。而对于高等教育拨款模式之变化,则无论是"基数+发展"的模式,还是"综合定额+专项补助"的模式,更抑或是"基本支出预算+项目支出预算"的模式,更多地倾向于高等教育拨款之投入而非产出,明显采取的是一种投入型的拨款机制。

(一) 以政府投入和管理为主的拨款体制,呈现出一种"政府-高等院校"的二元结构

高等教育财政拨款体制是一个国家高等教育财政体制的集中体现,而一个国家的高等教育财政体制则取决于该国整个教育体制与财政体制的状况,同时,一个国家教育体制与财政体制的形成和发展又必然会深刻反映出该国的政治、经济以及历史文化背景。因此,我国现存的高等教育拨款体制与我们整个国家的政治、经济以及历史文化等因素是存在着深层联结的,现有的高等教育拨款体制决不会是一种"跨时代分离"的呈现,而是与上述因素保持着一种固有的联系。所以在对我国现有的高等教育拨款体制进行把握时,必须将政治、经济以及历史文化因素予以综

第一章 我国高等教育拨款制度历史沿革、问题及趋势

合考虑，进而从整个教育体制以及财政体制的框架下对我国高等教育拨款体制予以把握。我国的高等院校因其管理部门的不同而使其财政拨款的具体来源也存在差异，但总体而言我国仍然是一种直接由政府向高等院校进行拨款的二元结构体制。具体来看，我国的高等院校从其管理所属与经费投入的视角可以划分为三类：第一类是由教育部直接领导与管理的高等院校，其经费来源和财务管理主要由教育部来负责；第二类是由中央其他部委直接领导与管理的部属高等院校，其经费来源和财务管理则是由主管高等院校的中央业务部门直接负责；第三类则是由省、自治区、直辖市以及一般地市等直接领导与管理的地方性高等院校，其经费来源与管理则是由省级政府或者省级以下的人民政府直接对口负责。然而，国家教育部直属的高等院校与中央各部委所直属的高等院校的拨款，先是由财政部划拨给国家教育部与其他各部委，然后再分别由教育部与各部委分配给各所属的高等院校；地方性所属的高等院校的拨款则是由省级的财政部门予以划拨。在这种拨款体制下，虽然高等教育的财权与事权均被政府所掌握，但却存在机构间的财事权相分离的状态。教育经费的预算编制、款项拨付以及使用管理的权力往往归属于相关的财政和计划部门，而作为统一管理高等教育事业的教育行政主管部门却往往没有参与教育预算编制、经费拨付以及使用管理的权限，

即使在某种程度上享有某种经费拨付与管理权,但范围往往也是相当有限。因此,现有的拨款体制事实上是一种在"政府-高等院校"二元结构形式下的教育财事权相分离、政府教育投资条块分割与部门分割相结合的高等教育费用拨付体制。

(二)高等教育拨款机制采取的是一种重投入轻产出的投入型拨款

投入型拨款是指政府针对高等院校的教育拨款是以高等院校教育投入的成本估计为基础的拨款方式。投入型拨款往往包含分项预算、项目预算、公式拨款和市场竞争拨款四种方式。

分项预算是指政府针对高等院校的拨款需要高等院校的每项支出都必须经过相关政府部门的批准,高等院校向其主管部门递交未来一年的经费预算,政府则是以某一个地区高等院校的平均成本参数为依据对高等院校的逐项预算予以考查。而成本参数则是被用来确定分项预算决策的相关具体规则,往往包括具体的师生比、工作人员比以及空间标准等。项目预算是指政府针对高等院校的教育拨款将以成本中心为标准实行经费的整块拨付,而不再是学校的每项支出都必须经过政府相关部门的批准。但是在不同的国家以及不同的专业领域,对于"成本中心"的划定是有着很大区别的,有的是以整所高等院校作为一个拨款的成本中心，而有的则是以单个的教授作为一个拨款的成本中心。

公式拨款是指政府针对高等院校的教育拨款是以高等院校在某个方面的具体特征（例如学生数目以及人员的配置模式等）、某种类型的活动（最典型的类别划分是教学与科研）及其相应的成本按照一定的公式计算进而得出经费预算的方式。最常见的一种计算方式就是用单位成本（通常是指单位所需的资源费用）乘以注册学生数进而得出其所需要的经费，当然此种公式拨款并不仅限于这一种计算方法，其还可与其他的预算形式（如单列的科研或者外部性活动的协商拨款等）相结合而使用。从另外一个视角来分析，拨款的公式主要包括两类：一类是学生数公式，即政府按照学生之数目进行拨款（按照单位成本乘以学生数进而得出拨款总额）；一类是教员数公式，即政府按照高等院校的教员之数目进行拨款（即用成本系数乘以教员数目进而得出拨款总额）。当然，以上种种情形只是几种最简单、最常见的公式拨款方式。然而必须明确公式拨款方式的运用远非如此简单，公式可以涉及不同的项目，而每个项目又可能会根据高等院校类型的差异、专业领域的不同、学历层次的高低等设计不同的成本系数或者分配不同的权重比，而对于成本系数或者权重比高低的设计会向高等院校释放出强烈的信号并对各高等院校产生导向作用。例如，假设政府针对高等院校的教育拨款只是采用学生数的拨款公式，则会直接对高等院校扩大招生数量以获得更多教育经费的行为产生刺激作用，同样假设采用教员数公式则会鼓励各高等院校针对教职工人员展开扩张性引进。而如若根据培养学生学历层次高低的差异而确定差异比较大的成本系数，则会直接激励高等院校倾向于提升办学的层次，尽量增加硕士研究生、博士研究生的培养。而如若针对不同专业领域而赋予不同的权重比例（如工科类成本是文科类成本的3倍），则往往会引起高等院校发展方向上的改变（如可能由一个重文科的综合类院校转变为重工科类的综合性院校）。如此可以看出，公式拨款的方式甚至作为公式构成要素的项目往往都可以成为政府控制和指导高等院校发展的间接形式。市场竞争拨款则是指由高等院校提出应达到或完成的指标以及相应的经费预算，通过采用公开投标或者议标的形式进而争取到政府拨付的款项，其目的则是尽量使政府的教育经费拨付趋于公开、公平和公正，对于科研项目的经费拨付方式最适合于这种方法。

无论是哪种具体的方法，均是依据涉及投入的成本效益分析而进行预算的方法，属于典型的投入型拨款机制。同时，还必须明确无论使用哪种投入型拨款方式，其实施条件是政府或拨款机构需要充分掌握各高等院校的办学信息。因为成本计算方法的差异会对学校激励机制产生重要的影响，并且这种投入拨款本身便要求政府拥有识别成本以及区分不同学校、不同项目成本的办法。

第二节　我国高等教育拨款制度所存之问题

自中华人民共和国成立开始，我国高等教育拨款制度之所以不断改革，恰恰是因为其存在问题难以与整个高等教育的发展乃至整个国家经济社会的发展相适应所致。而我国的经济社会发展处于一种不断变化之进程，基于此便可知高等教育拨款制度也会因其变化而产生新的问题，同时可能还会难以割裂地存有其固有的问题。我国高等教育拨款制度是由拨款体制、拨款机制和拨款模式三要素构成，问题自然也是由三要素"分化"。具体而言，我国拨款体制之二元结构难以改变拨款主体政府与拨款受体高等院校之间的"领导关系"，而高等教育拨款财事权相分离的体制设计，不仅使整个拨款工作的运行略显尴尬，而且使其缺乏信度和效率。投入型的拨款机制则对高等院校追求教育效率与质量的激励不足。拨款模式的安排则不利于激励各高等院校间的公平竞争和提高办学效益。除此之外，国家一些重点工程和重点项目等政策的推出和实施，会在某种程度上对于高等院校在争夺和使用高等教育经费之时产生一定的负面效应。

一、拨款体制之二元结构面临固有困境

高等教育拨款体制是整个高等教育拨款制度的重中之重，拨款体制的安排直接决定了高等院校经费之主要来源，而"政府-高等院校"之二元结构的体制安排，则明确了政府在整个高等教育经费投入方面的主体地位，但恰恰是这种主体地位不可避免地出现政府行政体制固有弊端之衍射现象，进而形成政府与高等院校之间的领导关系，导致高等院校对于政府投入之依赖和对政府行为之顺从，以致高等院校在某种程度上丧失对自身固有追求的坚守。

（一）"政府-高等院校"之二元结构，难以改变二者之间固有的"领导关系"

我国高等教育拨款体制的基本框架是由财政与计划部门掌握着资金，而教育行政主管部门主要负责高等教育的发展与规划，拨款则是由财政部门拨付给教育主管部门，再由教育主管部门拨付给高等院校。这种拨款方式中间环节较多，资金被截留、权力寻租等问题容易产生。2005年以后，伴随着部门预算与国库集中支付改革的推进，政府拨款开始由财政部门直接向高等院校通过国库支付系统予以拨付，减少了整个拨款工作的中间环节。此种拨款流程虽然使得资金的拨付效率得以提高，但并未使拨款机构的纯官方性质发生任何改变。我国的拨款机构仍然是纯粹的

第一章 我国高等教育拨款制度历史沿革、问题及趋势

官方性机构，其工作人员也是政府的官员，拨款工作的整个过程都直接会受到政府的干预，是政府"领导"下的拨款而不是政府"指导"意义下的独立运作，从某种程度上来讲拨款几乎属于政府的单方运作。在这种体制运作下，由于整个拨款程序是在政府部门的直接干预及领导下完成的，所以拨款数额的多少往往更取决于政府财政的供给能力，而不是依据社会的有效教育需求，即整个拨款是属于一种供给约束性的资源配置方式，并不是需求约束性的资源配置方式。并且预算的执行也往往缺乏法律意义的约束，使得拨款工作往往成为政府的"单方行为"。[1]呈现出政府作为调控高等教育发展的主体地位不是被削弱而是包揽一切的局面。[2]而这种"领导行为"就难免会对高等院校的自主性发展形成阻碍。

高等院校自主发展权就是高等学校或者机构为了保障自身的办学活动能够符合客观规律与自身特点，依法充分享有独立自主的去实现人才培养、科学研究和社会服务三大职能[3]所必需的一切资格与能力。[4]大学自主被公认为是

---

[1] 王寰安、张兴："外国高等教育拨款模式比较分析"，载《国家高级教育行政学院学报》2002年第4期。

[2] 陈国良："中国高等教育财政体制改革研究"，载《上海高教研究》1996年第4期。

[3] 通常认为高等院校主要有三大使命：第一，高等院校是科学研究的场所，是真理的诞生地。在国外，通常用"大学自治"来表述高等院校的自主办学，这也体现了对高等院校学术自由的尊重与保护。第二，高等院校是培养高层

大学最基本的特征之一。而大学最引以为自豪的也莫过于它是一个自治机构，可以不受直接的政治性压力与影响，能够在教学与研究上保持自由。[1]然而，政府和高等院校之间的关系却是十分复杂的。从整个历史发展进程来看，"钟摆原理"最能形象地描述政府干预与大学自主之间的关系，钟摆的指针时而摆向政府，时而摆向大学。在处理与大学的关系方面，政府必须考虑多方面的利益。作为高等教育发展所需资金的提供者，政府必须要保证大学对这些款项的妥善使用；作为整个民主制度最终法治权威的来源，政府须确保大学能够尊重公共政策；作为社会经济发展计划的最大制定者，政府又必须力图使大学能够对社会的发展起到重要的促进作用；作为科学进步的推动者以及民主文化的捍卫者，政府还必须能够保护大学的自治权利不受侵犯。坦诚而言，要扮演好上述角色，确实不易。[2]但是，当高等院校运转及发展的主要经济来源直接掌握在政府手中时，

（接上页）次人才的摇篮。高等院校通过专业的培训使人具有优秀的思维方式和专门技能，促进每个人的全面发展。第三，高等院校是为社会服务的机构。高等院校的教学、科研都要考虑到社会的发展需要，它是将知识转化为生产力的助推剂。

〔4〕 张振华："高校办学自主权及其落实问题研究"，南京农业大学2012年硕士学位论文。

〔1〕 王建梁："大学自治与政府干预：英国大学——政府关系的变迁历程"，载《清华大学教育研究》2005年第6期。

〔2〕 王建梁："大学自治与政府干预：英国大学——政府关系的变迁历程"，载《清华大学教育研究》2005年第6期。

很难避免政府所强调的等级标准以及对权力与资源追求的特征不会对高等院校的发展形成负面的影响,甚至政府指挥与干预大学的管理及运作的情形也不可避免地会发生。如果政府仍然把高等教育拨款的权力与工作独揽手中,将其视为自己的单方意志的反映与体现,如此,大学对政府的依赖程度则会增强,因为如果高等院校陷入为自身的生存问题所困扰之时,就难免会成为政府的附属。回望当代中国的大学,其更多关注的往往是政府支持程度与眼前的现实需要,而忽略自身历史使命、目标定位的思考。

(二) 高等教育拨款财事权分离,拨款工作运行尴尬

"高等教育财事权是否统一"是指高等教育的资源分配与高等教育的发展规划是否能够一致。财事权能否统一是我国独有的一个财政体制问题,其根本就在于事权的责任负担与财权的可支配能力是否能够保持一致或者协调。

我国的财政性教育经费长期处于一种事权与财权相分离的状态。我国的国家预算按照预算的等级依次可分为类、款、项、目四个等级,虽然国家财政部在1999年将教育事业费升格为"类"级,但教育的基本建设费仍设在"款"级科目中,并且教育经费没有实现预算单列,从而导致我国财政性教育经费长期以来便处于事权与财权相分离的状态。具体则体现在:政府教育行政部门主管教育事业,而财政部门则负责教育事业经费的拨款。政府计划部门负责

教育基建的投资，在对预算表格进行汇总归类时，教育财政预算的总额要与文化、科学、卫生等部门的预算汇总成整个财政事业费预算中的"类"级与财政基本建设费预算中的"类"级。因为教育事业费仅仅是属于科教文卫事业费类中的款级，教育基本建设投资则是属于基本建设费类中的社会文教费款级。而国家预算则是首先在类级支出中分配，然后依次在款、项、目级中再进行分配，可以说教育经费仅仅是国家预算中的第二次分配。而由于教育经费预算的等级较低，教育的事权属于教育部门，教育的财权属于财政与计划部门，因此教育的事权与财权呈现出一种相分离的状态。

可见，虽然我国的高等教育财政经费的预算编制、分配、管理及监控都是由政府来做主，但同时各级的教育相关部门之间的财事权又是相互分离的。教育经费的预算编制、拨款及使用管理权一直是归属于财政与计划部门，而作为统管教育事业发展的教育行政主管部门却往往没有参与教育预算编制及经费分配与管理的权力，即使有部门的分配与管理权，其范围也很小。当然，正是由于财政性教育经费的财权、事权不统一以及教育经费预算的等级较低造成了一系列的问题：一是由于编制的主体、依据的标准以及掌握的信息不同，造成了教育经费的预算数量之相对弹性较大而透明度则较低，进而加剧了教育经费需求与供给之间的失衡。二是教育事业的发展与政府针对教育的拨款存在脱节。教育行政主管部门未能实际参与到教育经费的预算制定工作中，也无权统筹管理与直接安排被批准的预算内教育经费，而这明显违背了教育法的有关规定。同时，这也导致了政府有关部门只注重根据财力的大小进行教育预算，而这种预算只能是一种维持性的教育预算而绝非发展性的教育预算，也就使教育经费的支出与教育经费的管理效益难以得到保障。三是教育主管部门无权有效地行使宏观管理权与调控权，这样可能造成教育资源的浪费，也就增加了经费的管理成本。并且在很多情况下高等院校往往是撇开教育部门直接与财政部门打交道，如此便使得教育部门无从知道经费的额度与流向。在这种情况下，教育部门财权相对较小，也就难以有效行使事权，从而不利于教育事业的发展。而高等教育拨款的财事权分离，更可能造成这两个后果：一是财政与计划部门对高等院校在资金消费过程中的监督检查的缺失；二是造成教育部门对高等院校财政拨款权利失却的失望。

（三）拨款体制之二元结构致使信度与效率双重缺乏

根据前面对现行高等教育拨款体制的运行的现状可以看出，整个拨款的操作流程应该说完全是政府之单方行为，受到人为因素的影响较大，而拨款的公正性与透明度自然也就缺乏。政府的此种行为其实质是代替市场而介入微观的经济社会操作中，易产生随意性、低效性及资源的"寻租"行为进而造成权力腐化等弊端。同时，拨款决策如果缺乏大学与社会之共同参与，即把社会公众与高等院校排除在高等教育财政资源配置的过程之外，极易导致拨款与社会效益"需要"之间的脱节。一旦脱节，由于政府与高等院校之间信息的不对称，政府的高等教育预算编制则难以审慎地研究学校的实际经费需求，更难以把有限的资金合理地配置到最有效率和最需要的地区、高等院校及专业中去，因此致使政府的直接经费管理导致高等教育的拨款缺乏实效性。

无论是"政府-高等院校"的二元拨款体制，还是"综合定额+专项补助"的拨款模式，都反映了一个不容忽视的问题：简单粗放。经费分配方式的简单粗糙突出反映在"综合定额专项补助"拨款模式中经费分配依据的单一性方面。而分配依据的单一性会导致一系列弊端：难以体现高等院校之间基于现实成本的公平、缺失对高等院校提高资金使用效率的激励作用、诱发成本上升与高等院校规模的盲目扩张、政府宏观调控效果进一步弱化等。现有的拨款制度虽然对于地区差异、高等院校类别、专业及学位层次的差别等因素予以考虑，但是针对同一类别所属的高等院校采用一种整齐划一的核准标准，还是造成了一种不公平。如"强势的高等院校"往往可以通过"专项补助"进而得到大量的资金，而这些是一般高等院校难以比肩的，而按照综合定额的办法也并未体现出效益至上的价值取向。

拨款体制既缺乏信度又缺乏效率，究其根本原因就是制度设计的不完善。现行拨款体制下缺失与实际情况更加符合的拨款依据，更确切地说就是高等院校的运行成本尚不存在一个统一的核算标准，因此综合定额的确定是比较困难的，从而实际上也就为这种相对"暗箱"的操作方式提供了一定的方便，其实只是一种不得已而为之的权宜之计。所以必须改变这种简单粗放的经费拨款制度，解决新的高教形势下拨款制度的重构，才可收釜底抽薪之效。

二、投入型拨款机制造成效率与质量激励不足

从我国高等教育拨款模式演变的过程可以得知，我国高等教育的拨款模式在不同时期所做出的调整仍然呈现出一种计划体制的色彩，并且很明显地属于一种投入型的拨款机制。正如我国高等院校收入中最大的部分是来自国家的高等教育拨款，高等教育拨款的标准是由国家统一制定的，而国家的这种投入型拨款机制又往往是以高等院校之在校人数作为最重要的参考指标。因此，高等院校中出现盲目扩张的情形似乎就成了一种必然的现象。基于此，投入型拨款机制往往具有一种"面向昨天或者针对过去"的特征，其拨款的额度通常是以在校学生数以及生均成本作

为主要的计算标准和衡量依据。而对于高等教育拨款与高等教育产出之间所存在的关系，以及高等教育拨款与高等院校的办学效益及办学质量等之间的关系并未给予应有的考虑，从而使我国的整个高等教育处于一种"过分强调投入而不重视产出""过分追求规模而忽视教育质量"的状态，如在一定程度上对高等院校盲目扩大规模产生强烈刺激，进而重复设置所谓的热门专业，如此便影响到了整个高等教育的质量与高等院校的合理发展，而这恰恰是与整个高等教育的发展不相适应的。在这种机制作用的情况下，高等教育拨款数额的多少往往也是基于财政的供给能力，而不是取决于整个社会的实际教育需求，即投入型拨款机制是属于供给约束型的资源配置方式，而不属于需求约束型的资源配置方式，而供给约束型的资源配置方式往往又难以满足高等教育发展的实际需求。

这种拨款机制往往过分关注于教育数量（即教育规模），并没有很好地将教育的质量以及教育的效益等指标纳入整个拨款核算范围之内，从而使得投资的绩效与办学成果的实现存在欠缺。投入型拨款机制往往缺乏对高等教育质量的激励效应。中国高等教育经费的拨款依据，长期以来始终与几种特定的因素或指标挂钩，而与教育成本相关的其他指标则并无关联，并且最终高等教育服务的费用是由国家实行的统一定价。同时我国现有的高等教育拨款一定程度上所实行的差异定价也不尽合理，既不能对高等教育服务的真实成本支出予以恰当的反映，也不能对经济社会的发展对于高等教育服务的需求状况予以完整的反映。因此，我国现在所施行的投入型拨款机制并不具有对高等院校发展定位的激励效应，高等院校作为一个理性人肯定会在现有制度框架下寻求利益的最大化，在高等院校财政拨款数额一定的情况下，高等院校自然会尽量以最低的教育经费支出提供较低标准的教育服务，而以上这两点都可能会导致高等教育教育质量的下降。由此可见，我国现行高等教育政府拨款机制既不具有激励高等教育质量的效应，也不具有激励成本节约的效应，所以总体而言其并不具有效率激励效应。同时，因为投入型拨款机制缺乏一个完善的绩效评价体系，财政资金的使用又缺乏应有的考核与监督，没有明确的绩效考评制度与经济责任监督制度，因此，也难以保证整个高等教育拨款效率与质量的提高。

三、拨款模式不利于激励各高等院校间的公平竞争和提高办学效益

"基数+发展"是依据往年的教育经费支出结果，而不是依据高等院校教育支出合理的成本分析，而基数的确定往往又缺乏科学性依据，所以就会导致出现一种现象：基数越高的学校所获得的高等教育经费就会越多，即在短期

内出现一个成本即收入的函数，恰恰符合了著名经济学家鲍恩的高等教育成本最大化理论[1]，而这就鼓励了高等院校的成本最大化行为，从而不利于学校对教育成本的控制和对教育经费使用效率的提高。除此之外，由于基数本身的确定存在主观性强的特点，因此，在对各高等院校的基数进行确定的过程中，存在某些高等院校能够对拨款决策部门产生相当程度的影响，进而可能导致高等教育资源配置的透明度与公正性存在问题。

伴随着我国高等教育事业的迅猛发展，高等院校对教育资金的需求也呈现出一种与日俱增的态势，"综合定额+专项补助"的财政拨款方式的缺点也随之日益显露，最突出的表现有以下方面：一是高等教育拨款的使用效率不高；二是资源配置不均；三是整体绩效结果较低等问题。综合定额对于高等院校的主要价值就体现在综合性成本经费上，这种拨款方式主要是依据生均定额为基础进行测算的，而生均定额这种测算方式本身的科学性以及实时性，随着该种拨款制度的进一步推进，同样也显现出其存在一定的问题；专项补助对于高等院校的主要价值通常表现为项目经费，分为上级戴帽项目和学校自主申报项目，主要是在基

---

[1] Bowen H. R., *The Cost of Higher Education: how much do colleges and university spend per student and how much should they spend?* Jossey Bass publishers, 1980.

第一章　我国高等教育拨款制度历史沿革、问题及趋势

本经费保运行的基础上，大力发展学校的科研教育事业，是高等院校得以进一步发展的经费支持所在。然而这种经费拨款在使用效率以及激发师生创新方面究竟能发挥多大的作用，则是一个值得思考的问题。[1]如随着高等教育财政能力的不断增强，对于高校财政专项资金拨款规模也不断扩大，在某种程度上已成为地方高等院校办学经费的重要来源之一，但此种拨款却存在以下几个主要问题：一是专项资金分配的差异性不明显，没有考虑教学为主型、教学研究型和研究为主型大学之间的差异以及不同层次高校和不同学科专业类别之间的差异，导致各高校由于对近期利益的竞争而忽视办学定位的科学性及长远发展。二是专项资金的预算执行进度缓慢，不仅影响财政资金的使用效率，而且影响高校发展目标任务的完成。三是专项资金的使用有僵化的限制，在一定程度上制约了高校财务自主权。[2]

"综合定额+专项补助"这种拨款模式，基本上属于高等教育拨款与高等院校办学绩效相脱节的拨款方式。虽然在该模式中也会实行公式拨款等方式，但在拨款公式中并未引入绩效指标，参数则过于单一，而拨款方式则过于简

---

[1] 刘凌波："高校绩效拨款机制的设计与应用研究——以北京市高等教育绩效拨款实践为例"，首都经济贸易大学2017年硕士学位论文。

[2] 谢炳生："关于加快高校财政专项资金支出进度的思考"，载《中国管理信息化》2016年第21期。

单、粗糙,高等教育拨款只与高等教育投入的成本估计与注册学生数相关联,而忽略了其他相关的参数尤其是能够反映资源利用效率的参数对高等院校办学行为的激励作用。而这无法准确地反映出高等院校的实际运行成本,也无法准确地反映出各高等院校之间的差别,更无法准确地反映出我国高等教育实际办学成本的变化规律,因此,国家也无法准确地对不同高等院校的办学活动及其相关功能进行有效区分并据此予以划拨经费。更为严重的情况是,如果只是把在校生数作为唯一的政策参数,那么高等院校所能获得的教育经费就会变成取决于各高等院校的规模,而这在某种程度上自然会刺激某些高等院校盲目追求扩大招生规模,以及片面追求学生教育层次(硕士、博士)的提高。如此一来,各高等院校为争夺有限的高等教育资源,重复性建设行为大量存在,从而造成各高等院校间同质化的局面十分严重,进而影响整个高等教育的办学效率。

不论是"基数+发展"这种拨款模式对于生均成本与规模效益的忽略,还是"综合定额+专项补助"这种拨款模式对于高等院校教学成本的粗略性"核算"以及其他开支项目的简单性估计,都未能准确地反映出对于财政性教育经费使用效率的追求。而后者这种拨款方式往往是按照平均成本而不是边际成本进行资源配置的,明显刺激了高等院校盲目地追求扩大规模,从而导致学科以及专业不必要的重复性设置,即它缺失提供激励效率的有效机制。[1]同时,高等教育拨款如果政治性太强,有时则会使整个拨款脱离社会教育需求,导致经费分配的透明度和公正性的下降,致使财政分配缺乏规范性。[2]

现行的"基本支出预算+项目支出预算"拨款模式中,基本支出预算主要用以维持高等院校的正常教学经费,项目支出预算则主要用以保障高等院校专门的科学研究,这样的拨款设计在某种程度上不仅能够保障高等院校的基本运行,而且对高等院校的持续发展也是有利的。从某种程度上而言,这种拨款模式能够较为有效地解决资金使用效率的问题,从体制上也能够较好地杜绝资金使用的腐败,在一定程度上是适应了宏观体制环境的要求。然而,这种预算模式对解决微观资金的使用效益问题却并无太大裨益,高等院校提高效益的动力可能仍然不会有很大的提高。因为此种模式中的基本支出的核算标准仍然是依赖于生均定额的计算方式,而正如前文所讲,这种计算方式的科学性和实效性仍有待考证。财政生均拨款的问题主要表现在以下几个方面:一是整个教育经费的实际使用效率通过此种拨款模式难以反映出来,这主要是由于其中的"生均成本

---

[1] 钟宇平、龚放、陆根书:"中国高等教育财政筹划刍议",载《高等教育研究》1996年第6期。

[2] 田凤喜:"谈我国高等教育拨款方式的改革",载《商业时代》2005年第26期。

指标"确定的依据并不是基于预算年度高等院校在校生的实际成本,而是根据前一财政年度年度实际决算的高校在校生成本,并且在制定该指标时通常对价格波动和通货膨胀等因素的影响难以纳入考虑范围。二是国家对于高等院校进行分类支持和发展的目标难以实现。此种拨款方式依据的最主要政策参数仍然是学生,而对于学生所在的学校层次以及学科专业结构对实际培养成本的影响通常不予考虑,与此同时对于不同高等院校办学功能的差异以及不同学科建设任务的差异并未予以重视,进而可能导致各类高校同质化发展现象比较严重。[1]除此之外,在项目支出方面,尤其是上级拨付的项目,对于绩效产出的忽视是这种拨款模式的缺陷所在。[2]总而言之,"基本支出预算"拨款模式仅仅考虑大学运行成本以及当期发展变化所需的支出,具有短期发展的功利性,而未将大学的发展目标与之相联系,并未从长期发展的视角对其予以安排,难以调动大学在人才培养、科学研究社会服务和文化传承与创新方面的积极性,并且使得大学处于一种被动和顺从的发展模式之下,往往为了追求更高的拨款基数而对预算支出产生的效益予以忽略,从长期而言,不利于整个高等教育质量

---

[1] 林亚男:"地方高校教育财政保障创新研究",载《教育评论》2018年第10期。

[2] 刘凌波:"高校绩效拨款机制的设计与应用研究——以北京市高等教育绩效拨款实践为例",首都经济贸易大学2017年硕士学位论文。

的提升。[1]

四、临时性拨款之制度性保障欠缺

"临时性"拨款主要是指一些特别性的建设经费,[2]而针对这些体制外的拨款,往往是没有固定模式的,并且游离于整个高等教育拨款制度的框架之外,但由于其数额往往比较大、社会影响比较广泛、意义比较深远,因此也应该给予其特别的关注。通常而言,此类专项性资金的划拨并没有一种固定的模式和常规性的依据而且随意性较大,并且此类资金的划拨主要是依据学校的教学与科研水平等多种因素进行综合评级、分级确定。某些著名的部属高等院校往往都能够得到所在地省级政府与教育部的特殊"照顾",经济发达地区的高等院校也往往会容易得到其所在地方的巨大财政性支持。作为对此类"照顾"与"支持"的回报,这些高等院校也都会适当地在招生等相关方面给予所在地诸多的优惠政策,从而造成了高等教育在地区之间的新的不公平。除此之外,高等院校对于这些资金的使用几乎拥有全部的自主权,因为此类资金在拨付的时候通常

---

[1] 刘凌波:"高校绩效拨款机制的设计与应用研究——以北京市高等教育绩效拨款实践为例",首都经济贸易大学2017年硕士学位论文。
[2] 如"211工程"建设经费1985年开始实施、"985工程"建设经费1999年开始实施、部省共建经费和《教育振兴行动计划》中的高教建设项目经费。

也都尚未明确规定资金的用途,即使存在规定也是极为宽泛的,而对于资金的使用缺失监督,资金的使用效益更是无从知晓。

从整个拨款制度的视角对其予以分析,"临时性"拨款是一种缺乏预算支持的拨款,其更多的是体现领导的意志,从而不利于经费合理利用的实现及效益的提高。就其实质而言,此类专项拨款更多地表现为各高等院校对于政府有限经费的激烈竞争。而基于前面的分析可知,此类经费之争往往更多地与各高等院校的声誉及其是否属于重点类大学这种"原始积累"因素密切相关,而与社会的实际教育需求并没有太大的约束性关系。另外,由于此类专项拨款没有引入竞争机制,并且缺少规范性与缺失公正性,使得受益的高等院校往往是那些办学层次较高、学科门类比较齐全、在校生规模相对庞大的综合性大学,而这又在客观上刺激和促使那些尚未达到此类标准的高等院校急于开设热门专业、追求高校合并、竞争评估升格、盲目扩大招生等行为。而此类临时性拨款的存在,表面上各高等院校对其享有自主使用权,但其拨款行为的本身因其制度性保障的缺失而导致公平性与效率性欠缺,从而也就使得整个此类拨款行为缺乏信度。

国外也存在针对高等院校科研或者教学等专项予以重点支持的经费,也会存在财政拨款向重点高等院校予以倾斜的做法。但比较分析可知，国外实施此类倾向性的拨款均重视针对此类拨款先决条件的"审核"以及科研结果的监督检查，以此来促使经费使用效率的提高。"临时性"的拨款行为，如果缺失固定的拨款程序制度，必然会造成某些高等院校很大的要价空间，所谓"会哭的孩子有奶吃"因此，针对临时性拨款一定要建立起固定的、法制性的经费拨付制度。

五、科研经费合理使用难以得到有效保障

在我国的高等教育经费中，高等教育事业费占有很大的比例，专项拨款的比例不但相对较低，而且其使用范围存在"扩大化"的现象，真正能够用于科研方面的资金所占比例较小，并且科研性拨款在方法与机制方面还存在着一些问题。具体而言，在现行针对高等院校的科研经费拨款体制中，除了少数的科研领域使用合同拨款的方式外，其他领域则仍然采用传统的直接划拨的方式，传统方式的拨款很少直接与绩效因素挂钩。因此便缺乏针对科研性拨款使用效果的后续性评估，从而也助长了某些高等院校只顾想方设法地申请和争取科研经费，而在获得经费之后却大量存在"不干活、干粗活"的浪费现象以及"暗箱"使用的弊端。从理论上讲，科研性经费本来应该属于"发展性经费"，要求严格地采取竞争的模式予以拨付，科研性经费的获取与使用均应该实现透明、高效。然而在现行的管

理体制下，科研性经费的拨付仍然主要受到人为因素方面的影响，如此也致使科研质量对于高等院校拨款工作的制约作用遭到削弱。

　　针对高等院校的科研性经费的分配工作，应该将"质量第一，追求高效"作为其首要目标，除了要遵循一些社会与政治因素而针对不同地区、学校及专业进行平衡之外，把研究能力与研究成果的实用性作为科研性拨款的主要影响因素是理所当然的。因此，应该建立起一种以优异质量作为标准的科研性资金分配机制，即在分配与划拨高等院校科研性经费时，必须首先坚持以科研能力的高低与质量的优劣为标准。这也就要求我们在进行科研型拨款时除了做到地区、高等院校之间的统筹兼顾外，还应该适当保证突出重点高等院校，把相对有限的资金适度向争创国际一流大学的高等院校、学科与关系到国家命运的科研领域及研究方向予以倾斜，特别是要保证一流的研究型高等院校的科研性投入。加强对于科研性经费的管理工作，提高拨付资金的使用效率，应该建立起一种以直接的资金拨款为主，以合同拨款为纽带的教育资金投入管理机制，并鼓励各级地方政府及各相关部门配套性资金投入的积极性。

　　纵观我国现行高等教育拨款制度的体制、机制、模式以及临时性与科研性拨款的拨付及使用问题，分析可知，我国现有的拨款体制、机制、模式等使得整个高等教育拨款过程及制度缺乏信度并且容易产生腐败，同时对于高等教育所追求的公平及效率的目标在某种程度上也难以体现，并且在一定程度上还对高等院校的自主性发展造成不利影响。由此，现有的拨款制度尚难以体现出对高等教育效率与质量的统一促进要求，也不能准确地反映高等教育的发展规律，因此需要对我国现有的高等教育拨款制度予以改进及完善。

六、重点工程[1]及项目[2]对高等教育发展产生一定副作用

尽管高等教育从性质上而言具有准公共物品之属性，从追求利益视角而言高等院校也不以盈利为目的，因此从某种程度上而言，高等教育市场也只能算作一种具有"准市场"（quasi-markets）地位之市场，然而高等教育市场同样具有重视竞争以及市场主体之间存在利益交换关系等特点，并以市场的方式和逻辑对高等教育资源进行分配之核心意蕴。[3]根据"结构—行为—绩效"范式（Structure-Conduct-Performance Paradigm，SCP）这一理论认为市场结

---

[1] 如我国先后实施的"211 工程"与"985 工程"。
[2] 如"优秀学科创新平台"与"重点特色学科项目"等重点学科建设项目。
[3] 蒋凯：《全球化时代的高等教育：市场的挑战》，北京大学出版社 2013 年版，第 35 页。

构、市场行为、市场绩效之间存在着一种呈现递进制约的因果关系，市场结构决定着企业的市场行为，而市场行为又决定着市场资源配置的绩效。从经济学视角来看，市场结构是指各市场主体之间相互作用而形成的关系结构，其主要包括市场供给者之间、需求者之间、供给者和需求者相互之间所形成的关系进而构成的关系结构。而我国的高等教育市场结构则是由产权关系、隶属关系以及高校重点建设工程和项目等相关因素共同决定的。作为我国高等院校主体的公办院校，其办学行为与高校隶属关系及重点建设工程、重点项目等有着密切关联，而重点建设工程、重点项目对高校办学行为与竞争机制有着最为直接的影响。[1]

（一）重点工程的实施导致高等院校之间呈现分层化

"985工程"与"211工程"是我国高等院校建设发展过程中最具代表性和影响力的两项重点工程，以致无论从国家层面还是从普通公众层面对其两项工程均存在着很强的认可度。基于此，在我国整个高等院校的层级框架体系中，"985工程"高校、"211工程"高校形成了一种带有垄断性色彩的相对稳定的市场结构，而普通本科与高职高专院校之间则形成了一种极具竞争性的市场结构，不同级别的高等院校之间存在着明显的地位差别。"985工程"高校

---

〔1〕 周志刚、宗晓华：＂重点建设政策下的高等教育竞争机制与效率分析——兼论对'双一流'建设的启示＂，载《高教探索》2018年第1期。

几乎垄断着我国的最优质的高等教育资源,虽然数量非常有限,但在整个高等教育市场中则是处于绝对优势地位,在全国或某个地区中往往处于寡头垄断地位。而"985工程"高校之外的"211工程"高校则往往垄断着其所在地区的高等教育市场或某些专业的高等教育市场,此类重点工程高等院校之间的竞争相当于一种垄断式的竞争。而普通本科与高职高专院校之间则在各自的教育层级中相互竞争较为激烈,其竞争结构类似于完全的竞争市场。[1]如此一来,便使得我国的高等院校"人为"的划分为不同的层级,进而导致形成不同类型的竞争市场,最终导致整个高等教育资源在不同层级高等院校之间出现分配的倾斜化以致出现分层化。

二元劳动力市场理论认为,劳动力市场被分割为主要劳动力市场和次要劳动力市场两大部分。[2]而重点工程和重点项目等政策的实施将高等院校划分出两个不同的高等教育市场,政策内外的高等院校之间在社会地位和社会声誉方面相差悬殊,对于政策内的高等院校就意味着一种高质量、高水平、较好的发展前景;而对于政策外的普通高

---

〔1〕周志刚、宗晓华:"重点建设政策下的高等教育竞争机制与效率分析——兼论对'双一流'建设的启示",载《高教探索》2018年第1期。

〔2〕Piore M J., "Notes for a theory of labor market stratification", *1972 Working Paper No. 95*, Dept. of Econ., Mass. Instit. of Tech. Oct. 1972: 2.

等院校则意味着较低的地位、较差的声誉和黯淡的发展前景。[1]重点建设工程和重点建设项目的"马太效应"与身份壁垒相互作用,大大降低了各层级高等院校间跨界竞争的可能性。如此,高等院校之间的竞争便由高等教育质量和水平之争异化为重点建设工程和重点建设项目的以垄断地位为导向的竞争。高等教育资源分配的分层化致使高等院校之间的竞争异化为垄断地位的竞争。而高等院校对于重点工程和重点项目的竞争继而获取垄断利润的行为具有直接非生产性寻利活动[2]的特性。因为,高等院校争取进入重点建设工程和项目行列的行为与其正常的教学、科研、社会服务等生产高等教育产品的活动之间是存在区别的。通过这种竞争虽然可以提高高等院校自身的办学地位,但其归根结底是一种高等院校间的零和博弈,只能为高等院校自身牟取高等教育资源的利益,却无法对我国高等教育整体质量和水平的提升产生重大助益。[3]而高等院校一旦

---

[1] 陈超:《中国重点大学制度建设中的政府干预研究》,广东高等教育出版社 2009 年版,第 97 页。

[2] "直接非生产性寻利活动"本质上是种通过从事直接的非生产性的活动来谋取利润的活动,这种活动虽能获取经济回报但却不生产能增进社会效用的产品和服务,反而造成了经济效用的损失。(Bhagwati J. N., "Directly unproductive, profit-seeking (DUP) activities", *The journal of political economy*, 1982, pp. 988~1002.)

[3] 周志刚、宗晓华:"重点建设政策下的高等教育竞争机制与效率分析——兼论对'双一流'建设的启示",载《高教探索》2018 年第 1 期。

进入重点建设行列之后则由于地位之垄断而可能导致 X-非效率（X-inefficiency）[1]问题的发生。顶尖高等院校由于数量较少，其所面临的竞争压力本来就相对较弱，而重点建设政策所产生的身份壁垒更加弱化了其竞争意识，使顶尖高等院校处于一种垄断性的市场结构之内，进而隔绝了与其他高等院校之间的竞争。

（二）高等院校的分层化与教育资源投入倾斜化，共同导致高等院校之间跨界竞争缺乏

高等教育的发展本身就呈现出一种长期性和缓慢性，而高等院校的发展同样是一种注重积累的长期性过程，进一步而言，这种长期性的积累更加需要高等教育资源的持续性的投入。然而，恰恰由于前文所述的高等教育资源投入存在倾斜化，所以普通高等院校发现难以通过自身短期努力而获得发展。在此种背景下，高等院校最快的发展途径是通过争取重点建设工程资质和重点项目资源，进而获得相对于其他高校的垄断地位。如此一来，高等院校之间的竞争不再是以追求高等教育事业某个方面的突出发展和整个高等教育水平的整体提升，而是将竞争的方向指向重点工程和重点项目垄断地位的获得。垄断地位导向的竞争

---

[1] 垄断企业在缺少市场竞争机制约束的情况下，就会放松内部管理和技术创新，从而导致生产和经营的低效率，莱宾斯坦称这种状态为"X-非效率"。(Leibenstein H., "Allocative efficiency vs. X-efficiency", *The American Economic Review*, 1966, 56 (3), pp. 392~415.)

产生的原因体现在：第一，重点建设工程和重点项目的实施不仅意味着整个高等教育资源在总量方面发生变化，同时也意味着高等教育资源在不同层级高等院校之间的分配机制也会发生变化。而这种分配机制的变化对重点建设高校显然是极为有利的，通常表现为更多教育资源的投入，而这种倾斜化的分配机制又对普通高校相对产生不利影响。[1]重点建设政策对资源分配机制的影响不仅体现在专项资金的投入上，还体现在科研经费等的分配方面，都对重点建设高校存在较大倾斜。如此便使得高等院校之间的强弱分化越来越明显，进而趋向于两极。第二，"211工程"与"985工程"的专项投入为重点建设高等院校带来了大量的有形资源，同时，重点建设工程客观上的分层作用使重点建设高等院校在生源竞争与就业竞争中处于优势地位，为其带来了大量的无形资源。重点建设政策下使得重点建设高等院校与普通高等院校之间无论是在就业还是在生源方面的地位竞争[2]和筛选假设理论[3]都表现得更加明显。因为无

---

[1] 周志刚、宗晓华："重点建设政策下的高等教育竞争机制与效率分析——兼论对'双一流'建设的启示"，载《高教探索》2018年第1期。

[2] 地位竞争中的产品是地位产品，具有绝对稀缺与相互依赖的特征，即一个人对地位产品的投资，会减少其他人地位投资的价值。高校间的竞争具有地位竞争的特性，一所高校对某一地位资源的获得会导致其他高校这一地位资源的流失，具有零和博弈的特点。

[3] 筛选假设理论（Screening Hypothesis）认为，教育的主要经济价值不在于提高个人的能力，从而提高生产率，而是对求职者的能力进行鉴别和筛选，以便雇主适当地为具有不同能力的人安排不同的职业岗位，以便人尽其才、各得其所。

论是"985 工程"建设还是"211 工程"建设都有相对固定的名额限制,而不具有一种无限扩张性,通常呈现出一种零和博弈的特征,一所高等院校对重点建设工程和重点建设项目地位的获得便意味着另外一所高等院校机会的丧失,这便是重点建设工程和项目的地位竞争。与此同时,这一地位的获得将直接衍射到高等院校在招生时生源方面的竞争和毕业生就业时所发生的"学校歧视"。综合而言,高等教育资源的倾斜化分配自然会导致高等院校分层化更加突出,而两者则共同导致高等院校之间的竞争也越来越呈现出一种层次内的竞争,至于高等院校不同层次之间的竞争则被"重点工程和重点项目"画上了"界限",进而导致此种外部竞争缺乏。

(三) 高等院校间垄断地位导向的竞争,使普通高等院校在办学定位上丧失方向,出现"学术漂移"[1]

在我国,国家确定重点建设工程和重点项目支持高校的主要依据是学术标准,而普通高校为了能入选重点建设的行列,便会在学校发展定位和发展前景等方面与学术标准紧紧靠拢,进而出现大量普通高等院校将自身定位为研究型大学,丧失对自身发展特色和发展重点的准确定位,

---

[1] 伯吉斯(Tyrrell Burgess)对"学术漂移"一词进行了界定,将其定义为非大学的高等教育机构按照更接近于大学"面目"的方式来确定其活动实践的一种趋势。(Burgess T., *The shape of higher education*, Cornmarket Press, 1972, pp.7~49.)

最终使得我国的高等教育系统在整体层面上发生"学术漂移"。而高等教育"学术漂移"的直接后果是高等院校办学的同质化,即越来越多的高等院校由于对"学术标准"的重视,进而不约而同地将自身的办学定位设定为研究型大学、综合性大学、国际化大学等与重点建设高校雷同化的规定。而这些雷同化的规定绝非基于高等院校自身的发展特色和优势学科而设定,最主要的依据和标准便是重点建设工程和重点项目的"遴选标准",而其最终的目的自然是追求入选重点建设工程和重点建设项目行列,从而获取垄断地位之下的垄断利益。而高等院校同质化的"学术漂移"更影响了我国整个高等教育系统的效率。整个高等教育系统应该是由各具特色的不同类型的高等院校共同构成,不同高等院校发挥自身优势集中力量发展特色专业,进而服务于社会之不同层次之需求,实现高等教育系统服务社会之高效性。然而,"学术漂移"却将不同高等院校之特色埋没于学校定位的同质化之中,从整个高等教育系统来看实际已是"泯然众人矣",因毫无特色而更加缺乏竞争力,基于此而发生的学院、学科、专业的设立、调整和撤销等高校行为同样显出其"功利性"。而大范围的此种操作自然会导致高等教育资源的浪费,也在不同程度上造成高等教育发展的低效性。正如贝雷尔森(Bernard Berelson)指出:"'学术漂移'会导致高等教育资源利用的低效化,因为这些高等院校追求博士学位授予资格的目的仅仅是为了获得更高的声望,而不是为了满足学生和社会的实际需求,由此造成了教育资源的巨大浪费。"[1]而导致整个高等教育系统低效性的另外一个原因便是垄断地位导致高等院校之间有效竞争的缺乏,垄断系统内部的重点高等院校之间的竞争更多表现为对高等教育资源进行按资排辈的瓜分,而系统内与系统外之间由于设置了此道门槛则显得一方是"蔑视和不屑",另一方则是"遥望而无法企及"。

(四)重点建设工程和重点建设项目导致高等院校对政府形成资源依赖

资源依赖理论(Resource Dependence Theory)认为,组织的最重要任务在于生存,组织生存的关键则是"获得并保住资源的能力",为了获得所需的资源,组织必须与所处环境中的其他要素主体进行交易谈判。[2]各高等院校就其自身而言就是一个独立的组织,并且是处于整个高等教育系统中的组织,其自身的存活和发展必须依靠各种资源的获得,而获得各种资源的能力则是其重中之重。而要运用此种能力获取各种资源,则必须学会与其所处环境中的其他主体进行"谈判"。在整个高等教育系统之中,单一的高

---

[1] Berelson B., *Graduate education in the United States*, McGraw-Hill, 1960, pp.93~185.

[2] 由由、吴红斌、闵维方:"高校经费水平、结构与科研产出——基于美国20所世界一流大学数据的分析",载《高等教育研究》2016年第4期。

等院校不仅要关注其主要资源的提供者——政府，同时还要关注与其处于竞争地位的同行——其他高等院校，即既要努力学会从政府手中获取自身所需之资源，又要时刻关注其他高等院校在竞争中所采取的手段和措施。我国通过重点建设工程和重点建设项目制度对高等院校进行投资建设，即高等院校的最主要的资源是来源于政府，而这种方式在使高等院校获得办学资源的同时，也使其对政府产生了强烈行政化路径依赖，进而使高校在政府的资源投入与对政府的资源依赖之间产生了巨大的"摩擦效应"。高等院校在从政府获得大量教育资源之时，既需要关注高等教育发展之效率目标，致力于整个高等教育发展质量和水平的提升如冲击世界一流大学之目标的实现，又需要不断调整自身资源获得之目标，即运用各种能力以获得制约其自身发展的关键性资源。而要获得此种资源，便需要一直关注国家有关重点建设工程和重点建设项目的调整动态，而对于获得此种重点建设资源目标的过度关注必然会使高等院校提升办学质量和发展水平的精力受限，进而会影响其参与高等教育国际竞争能力的提升。因此高等院校对行政资源依赖的消极影响，在一定程度上会阻碍我国高等教育质量和水平的整体发展。

综合上述分析可知，目前我国的高等教育拨款制度无论是在拨款体制还是在拨款机制，更抑或是拨款模式乃至具体拨款项目的利用等方面均存在一定的问题,而这些问题从不同的层面、不同的方向对整个高等教育质量和发展水平的改进和提升造成掣肘。基于此,我国高等教育拨款制度的改革则显得势在必行,而在以习近平同志为核心的党中央的领导下,国家层面出台了众多相关政策为高等教育拨款制度的改革指明了方向。

第三节　新政策凸显追求绩效之倾向和第三方参与之要求

基于对我国高等教育拨款制度之体制、机制、模式等方面存在的问题之分析,以及对我国高等教育拨款制度特征之把握,可以发现目前我国高等教育拨款制度并不能完美胜任高等教育事业发展之助推动力的角色,其仍存在可改革和完善之处。为了提升整个高等教育事业的发展质量和对中华民族伟大复兴形成重大助推力,我们的党和政府提出了重大的高等教育发展战略目标和出台了相应的助力性文件,都对我国高等教育拨款制度未来的改革和完善提出了要求,而这不仅为我国高等教育拨款制度的发展指明了方向,同时还为其改革和完善提供了体系化的安排。

一、《国家中长期教育改革和发展规划纲要（2010—2020年）》

2010年《国家中长期教育改革和发展规划纲要（2010—2020年）》对于高等教育的规定要求加快建设一流大学和一流学科。以重点学科建设为基础，继续实施"985工程"和优势学科创新平台建设，继续实施"211工程"和启动特色重点学科项目。改进管理模式，引入竞争机制，实行绩效评估，进行动态管理。鼓励学校优势学科面向世界，支持参与和设立国际学术合作组织、国际科学计划，支持与境外高水平教育、科研机构建立联合研发基地。加快创建世界一流大学和高水平大学的步伐，培养一批拔尖创新人才，形成一批世界一流学科，产生一批国际领先的原创性成果，为提升我国综合国力贡献力量。而改进管理模式，引入竞争机制，实行绩效评估，进行动态管理这四点要求的指向是整个高等教育，理所当然地包括对于高等教育拨款制度的约束。而这一约束就是要求拨款制度同样要在管理体制方面要实现模式转变，在拨款分配方面要引入竞争机制，在拨款考核方面要实行绩效评估，在拨款对象方面要实现动态管理。深入分析并结合后续出台的相关文件可见，我国高等教育拨款制度的未来指向就是追求绩效之倾向和第三方评价之要求。

二、《关于改革完善中央高校预算拨款制度的通知》

现行中央高校预算拨款制度也出现了项目设置交叉重复、内涵式发展的激励引导作用尚需加强等问题。针对上述问题,财政部、教育部《关于改革完善中央高校预算拨款制度的通知》提出要加强顶层设计,兼顾当前长远,统筹考虑中央高校各项功能,完善基本支出体系,更好支持中央高校日常运转,促进结构优化;重构项目支出体系,区分不同情况,采取调整、归并、保留等方式,加大整合力度,进一步优化项目设置;改进资金分配和管理方式,突出公平公正,强化政策和绩效导向,增强中央高校按照规定统筹安排使用资金的能力,促进中央高校内涵式发展,着力提高办学质量和水平。今后根据党中央、国务院有关决策部署,结合中央高校改革发展面临的新形势,适时对项目设置、分配管理方式等进行调整完善。

(一)完善基本支出体系

在现行生均定额体系的基础上,逐步建立中央高校本科生均定额拨款总额相对稳定机制:以2年至3年为一周期,保持周期内每所中央高校本科生生均定额拨款总额的基本稳定;上一周期结束后,根据招生规模、办学成本等因素,重新核定下一周期各中央高校本科生生均定额拨款总额,并根据中央财力状况等情况适时调整本科生生均定额拨款标准，引导中央高校合理调整招生规模和学科专业结构。逐步完善研究生生均定额拨款制度。继续对西部地区中央高校和小规模特色中央高校等给予适当倾斜。同时，将中央高校学生奖助经费由项目支出转列为基本支出。

（二）重构项目支出体系

新的项目支出体系包括以下六项内容：

（1）中央高校改善基本办学条件专项资金，由现行中央高校改善基本办学条件专项资金、附属中小学改善基本办学条件专项资金、中央高校发展长效机制补助资金整合而成，支持中央高校及附属中小学改善基本办学条件。用于校舍维修改造、仪器设备购置、建设项目的辅助设施和配套工程等方面，主要根据办学条件等因素分配，实行项目管理方式。

（2）中央高校教育教学改革专项资金，由现行本科教学工程、基础学科拔尖学生培养专项资金整合而成，支持中央高校深化教育教学改革，提高教学水平和人才培养质量。进一步扩充支持内容，统筹支持本专科生和研究生、教师和学生、课内和课外教育教学活动，用于教育教学模式改革、创新创业教育等方面，主要根据教育教学改革等相关因素分配，由中央高校按照规定统筹使用。

（3）中央高校基本科研业务费。延续项目，对中央高校基本科研活动进行稳定支持，用于中央高校开展自主选题科学研究,按照现行方式分配和管理。

(4) 中央高校建设世界一流大学(学科)和特色发展引导专项资金,在"985 工程""211 工程"、优势学科创新平台、特色重点学科项目、"高等学校创新能力提升计划"以及促进内涵式发展资金等基础上整合而成,引导中央高校加快推进世界一流大学和一流学科建设以及特色发展,提高办学质量和创新能力。用于学科建设、人才队伍建设、协同创新中心建设、国际交流合作等方面。主要根据学科水平、办学特色、协同创新成效等因素分配,实行项目管理方式。

(5) 中央高校捐赠配比专项资金。延续项目,引导和激励中央高校拓宽资金来源渠道,健全多元化筹资机制。按照政策对中央高校接受的社会捐赠收入进行配比,由中央高校按照规定统筹使用。

(6) 中央高校管理改革等绩效拨款。延续项目,引导中央高校深化改革、加强管理。主要根据管理改革等相关因素分配,由中央高校按照规定统筹使用。

该文件直接涉及高等教育拨款的问题,并对拨款模式直接具体地进行相关调整。调整的主要目标直接指向高等教育的内涵式发展的要求,而内涵式发展要求则倾向于绩效拨款之模式改革要求。因为只有更加注重拨款使用之绩效才能满足内涵发展之需求。

三、《统筹推进世界一流大学和一流学科建设总体方案》

2015年，党中央、国务院作出建设世界一流大学和一流学科的重大战略决策，并出台《统筹推进世界一流大学和一流学科建设总体方案》（下文简称《总体方案》）。方案中支持措施明确规定要强化绩效，实现动态支持。要求创新财政支持方式，更加突出绩效导向，形成激励约束机制。资金分配更多考虑办学质量特别是学科水平、办学特色等因素，重点向办学水平高、特色鲜明的学校倾斜，在公平竞争中体现"扶优、扶强、扶特"。完善管理方式，进一步增强高校财务自主权和统筹安排经费的能力，充分激发高校争创一流、办出特色的动力和活力。要求建立健全绩效评价机制，积极采用第三方评价，提高科学性和公信度。在相对稳定支持的基础上，根据相关评估评价结果、资金使用管理等情况，动态调整支持力度，增强建设的有效性。对实施有力、进展良好、成效明显的，适当加大支持力度；对实施不力、进展缓慢、缺乏实效的，适当减少支持力度。由此可见，《总体方案》明确提出了以绩效为杠杆，鼓励公平竞争，充分激发高校内生动力和发展活力；创新财政支持方式，更加突出绩效导向；建立健全绩效评价机制，积极采用第三方评价的要求。这不仅是对"双一流"政策落实中提出的要求，同时还辐射到"双一流"建设过程中的经费支持制度——高等教育拨款制度。

第一，要改变现有针对重点建设高校之身份固化的拨款模式，对重点工程和重点学科所拨付的支持经费应引入竞争性机制，固有的指定性拨款模式应当予以摒弃；安排拨款的主要依据是绩效高低，并且在拨款之后要对高等院校实施动态评估和管理工作的跟进，并以评估结果为基础决定后续的财政拨款是否继续投入；将先前作为中央财政预算外之专项资金部分一起纳入整个中央高校预算拨款制度中予以统筹考虑，以避免人为原因所造成的高等教育拨款之不公平；进一步完善和优化中央部委属高校和重点建设高校的整体战略布局，强调质量和结构之优化；加大对地方高等院校的拨款政策的倾斜力度，实施针对地方高等院校的"弱势扶持"机制和教育补偿机制，进一步强化政府在政策支持、行政指导和经费保障等方面的责任，并建立与之相匹配的地方政府教育补偿的激励制度，将教育补偿作为地方政府绩效评定的重要指标之一，以此缩小地方高等院校与部委属高校之间的差距。[1]

第二，要保证科研经费分配应该是一种基于学术标准

---

[1] 李斌琴、彭旭、丁云华："'双一流'背景下部委属高校与地方高校的协同发展——政策研究的视角"，载《当代教育科学》2018 年第 1 期。

的自由竞争，不应该基于高等院校固有的声誉和针对"985工程""211工程"之特定身份进行一揽子拨款，而要基于科研项目和研究人员的研究质量和层次水平并采取同行评议的方式对学术标准予以评价，以此保证竞争之公平性，使地方高校能够获得平等竞争的机会，而不同层次之间高等院校的竞争能够提高科研经费的使用效率。此外，根据《总体方案》规定，地方高校"双一流"建设资金主要来源是地方财政并由地方政府统筹安排，因此，从国家层面要加强对地方政府支持地方高校"双一流"建设资金投入的监督和管理，以保证地方政府对地方高校的资金投入；省级政府要将地方高校和部委属高校统一纳入"双一流"建设规划和财政预算当中来。[1]

对于高等院校无论是对身份固化拨款模式的摒弃，还是要求科研经费拨付依据标准的变化，均突出了对于竞争机制的引入和使用，同时体现了对于绩效评估的重视。而所有政策方面的变动，更多地表现出高等教育拨款制度更加注重公平竞争和绩效的提高，最终落到整个高等教育质量的提升方面。

---

[1] 李斌琴、彭旭、丁云华："'双一流'背景下部委属高校与地方高校的协同发展——政策研究的视角"，载《当代教育科学》2018年第1期。

四、《关于全面实施预算绩效管理的意见》

中共中央、国务院 2018 年出台的《关于全面实施预算绩效管理的意见》(以下简称《意见》)中明确我国现行预算绩效管理仍然存在一些突出问题,主要是:绩效理念尚未牢固树立,一些地方和部门存在重投入轻管理、重支出轻绩效的意识;绩效管理的广度和深度不足,尚未覆盖所有财政资金,一些领域财政资金低效无效、闲置沉淀、损失浪费的问题较为突出,克扣挪用、截留私分、虚报冒领的问题时有发生;绩效激励约束作用不强,绩效评价结果与预算安排和政策调整的挂钩机制尚未建立。

基于对上述问题的分析和把握,《意见》同时提出了针对性的建议:

第一,从整体视角建立全过程预算绩效管理链条。建立绩效评估机制。各部门各单位要结合预算评审、项目审批等,对新出台的重大政策、项目开展事前绩效评估,重点论证立项必要性、投入经济性、绩效目标合理性、实施方案可行性、筹资合规性等,投资主管部门要加强基建投资绩效评估,评估结果作为申请预算的必备要件。各级财政部门要加强新增重大政策和项目预算审核,必要时可以组织第三方机构独立开展绩效评估,审核和评估结果作为预算安排的重要参考依据。强化绩效目标管理。各地区各部门编制预算时要贯彻落实党中央、国务院的各项决策部署，分解细化各项工作要求，结合本地区本部门实际情况，全面设置部门和单位整体绩效目标、政策及项目绩效目标。绩效目标不仅要包括产出、成本，还要包括经济效益、社会效益、生态效益、可持续影响和服务对象满意度等绩效指标。各级财政部门要将绩效目标设置作为预算安排的前置条件，加强绩效目标审核，将绩效目标与预算同步批复下达。做好绩效运行监控，各级政府和各部门各单位对绩效目标实现程度和预算执行进度实行"双监控"，发现问题要及时纠正，确保绩效目标如期保质保量实现。各级财政部门建立重大政策、项目绩效跟踪机制，对存在严重问题的政策、项目要暂缓或停止预算拨款，督促及时整改落实。各级财政部门要按照预算绩效管理要求，加强国库现金管理，降低资金运行成本。开展绩效评价和结果应用。通过自评和外部评价相结合的方式，对预算执行情况开展绩效评价。各部门各单位对预算执行情况以及政策、项目实施效果开展绩效自评，评价结果报送本级财政部门。各级财政部门建立重大政策、项目预算绩效评价机制，逐步开展部门整体绩效评价，对下级政府财政运行情况实施综合绩效评价，必要时可以引入第三方机构参与绩效评价。健全绩效评价结果反馈制度和绩效问题整改责任制，加强绩效评价结果应用。

第二，从具体运行层面健全预算绩效管理制度。完善预算绩效管理流程。围绕预算管理的主要内容和环节，完善涵盖绩效目标管理、绩效运行监控、绩效评价管理、评价结果应用等各环节的管理流程，制定预算绩效管理制度和实施细则。建立专家咨询机制，引导和规范第三方机构参与预算绩效管理，严格执业质量监督管理。加快预算绩效管理信息化建设，打破"信息孤岛"和"数据烟囱"，促进各级政府和各部门各单位的业务、财务、资产等信息的互联互通。健全预算绩效标准体系。各级财政部门要建立健全定量和定性相结合的共性绩效指标框架。各行业主管部门要加快构建分行业、分领域、分层次的核心绩效指标和标准体系，实现科学合理、细化量化、可比可测、动态调整、共建共享。绩效指标和标准体系要与基本公共服务标准、部门预算项目支出标准等衔接匹配，突出结果导向，重点考核实绩。创新评估评价方法，立足多维视角和多元数据，依托大数据分析技术，运用成本效益分析法、比较法、因素分析法、公众评判法、标杆管理法等，提高绩效评估评价结果的客观性和准确性。

第三，从制度保障层面硬化预算绩效管理约束。明确绩效管理责任约束。按照党中央、国务院的统一部署，财政部要完善绩效管理的责任约束机制，地方各级政府和各部门各单位是预算绩效管理的责任主体。地方各级党委和政府主要负责同志对本地区预算绩效负责,部门和单位主要负责同志对本部门本单位预算绩效负责,项目责任人对项目预算绩效负责,对重大项目的责任人实行绩效终身责任追究制,切实做到"花钱必问效、无效必问责"。强化绩效管理激励约束。各级财政部门要抓紧建立绩效评价结果与预算安排和政策调整挂钩机制,将本级部门整体绩效与部门预算安排挂钩,将下级政府财政运行综合绩效与转移支付分配挂钩。对绩效好的政策和项目原则上优先保障,对绩效一般的政策和项目要督促改进,对交叉重复、碎片化的政策和项目予以调整,对低效无效资金一律削减或取消,对长期沉淀的资金一律收回并按照有关规定统筹用于亟须支持的领域。

综合上述政策性文件的相关规定,提炼其核心主旨便是:承认我国目前高等教育拨款制度在体制、机制、模式以及具体落实过程中存在一定的问题,不能满足我国目前所提出的"双一流"建设战略的实施要求,基于此,国家从高等教育的宏观层面提出了多重措施以服务于"双一流"战略的实施。而众多政策的逻辑导向具体到高等教育拨款制度上,便是更加注重整个制度对于绩效追求的倾向,而对于绩效评价机制的安排将直接涉及整个高等教育拨款体制的改革,即是否转变"政府-高等院校"之直接拨款的二元结构。因为,目前的高等教育拨款机制是一种投入型的拨款机制，而绩效拨款则是一种产出型的拨款机制，二者的逻辑重心不同，这便要求在拨款体制的安排上要予以平衡和考虑，即第三方评价的参与。

第二章 CHAPTER2
高等教育拨款制度设计之核心关注

高等教育拨款制度的设计工作必然不是一蹴而就的，这是一项需要统揽高等教育全局、协调各方主体利益、选择适恰完美模式并积极推动实施的重大工程。这一工程的顺利开展必然能理顺各项任务之轻重缓急并予以层次化，以明确其首要任务——"核心关注"。高等教育拨款制度之"核心关注"主要包括三个方面，并且呈现出一种层次性。首先是高等教育拨款制度制定过程中的核心关注，应该是制度制定过程中所面对的各方利益主体之间的价值冲突，而这些价值冲突则主要基于三种不同的制度逻辑而产生，其包括市场化的政府逻辑、大学逻辑和社会逻辑三种。因为这三种逻辑支配着各方利益主体的价值诉求，因此这是高等教育拨款制度制定之首要核心关注。其次，在理顺和协调好各种价值冲突的前提下，便将制度制定过程进展到具体拨款模式之选择这一核心关注之上，并充分分析种种拨款模式的基础，进而确定以绩效为导向的拨款模式，以吻合我国相关政策之集中凸显点，即以绩效拨款为未来选择方向。并且此种选择有利于"双一流"建设目标的实现。最后，在确定以绩效为导向的拨款模式之后，最核心的任务便是绩效拨款之指标设计，因为只有设计全面和完美的指标体系才能保证绩效拨款实施之顺畅，进而最终实现高等教育绩效拨款之目标——高等教育质量和水平的不断提升。而绩效指标体系的设计则是最为具体化和精细化的工程任务。

第一节 拨款制度制定过程之核心关注——价值冲突

高等教育拨款制度的制定绝不是一项简单的可以由单一主体任意决定的，而是综合各种因素经过周密论证和平衡之后而确立的。与此同时，制度制定之后必然紧跟制度的实施，而制度的实施必然会对所涉及的各方主体之利益产生不同的影响，同时各利益主体必然会将利益争夺之关键节点向前推至制度制定阶段。因此，高等教育制度的制定过程是一个多种利益复杂交织在一起并相互作用的过程，而这一过程中所面临的一个突出问题便是各方利益主体之间的价值冲突。一方面，各利益主体间的价值冲突会使得高等教育拨款制度的制定过程面临的形势更为复杂、遭受的阻力更大、耗费的成本更高,因为这需要对各方利益进行平衡,而平衡之前又必须与各方利益主体进行充分的沟通,沟通又是一个循环往复甚至永远难以达成一致意见的过程。因此,制定的制度最终确立的倾向性更多的会受强势群体力量的主导,如此必然会致使某些利益主体的诉求难以得到充分表达。另一方面,各方利益主体之价值冲突的困境同样也体现在高等教育拨款制度的执行过程中,尚未获得充分表达之利益主体所实施之掣肘行为必然会致使制度在执行中出现偏离、扭曲、抵抗等情形,而这恰恰是与政策制定过程中未能充分平衡的利益冲突密切相关。

高等教育拨款制度制定过程中的冲突之所以呈现出日益突出的境况,其主要原因在于:高等教育拨款制度之利益相关者呈现出一种多元化,而多元化的主体带来了利益的冲突化。从高等教育拨款制度的拨款机制层面来看,制度制定会主要涉及"政府"和"高等院校"两方主体,"政府"主体又可以分为中央政府和地方政府,一方面二者之关注点存在差异,中央政府更加关注我国高等教育发展的整体性和国家战略,而地方政府则往往会更加关注所辖高等院校高等教育发展的区域性和协调性;另一方面二者在拨款制度中所承担的责任是有差别的,正如前文所述拨款体制变化之一便是责任的"下移"与"上推",而这恰恰就需要对中央政府和地方政府高等教育拨款责任予以设计，进而会产生二者之间的利益冲突。"高等院校"主体则涉及不同层次和类型的院校，如重点高校、普通高校、其他高校等。而不同层次和不同类型的高校对于高等教育拨款都具有争夺之迫切性，而高等教育制度如何设计分配依据、分配标准和分配手段都将会直接影响到这些主体之利益，因此同样会造成他们之间的利益冲突。当然，这种利益冲突将直接影响到不同层次高等院校的学生利益，进而影响到学生家庭等社会主体的利益，更进一层又会影响到学生所处环境中众多利益主体的利益。从关注点视角而言，各类高等院校则更加关注自身发展之资源充足性，具体而言就是能够从政府获得高等教育拨款的数额，而高等院校的学生则更加关心自身发展所需的教育环境与资源的比较优势，进而据此能够在未来竞争中获得优势认可，而作为社会则更为关注整个高等教育的公平等普适价值，以及我国整个高等教育质量和水平的提升，乃至在全世界教育地位之评价。综合而言，正是因为所涉主体之多元以及利益追求之异向性才导致了各方利益主体间的价值冲突，这便意味着高等教育拨款制度的制定与实施本身便负载着多元甚至是冲突的价值诉求。正如有学者所言，教育制度的制定本质上是对教育领域中价值的权威控制，因此，矛盾与冲突在所难免。[1]面对种种价值冲突之现实，就要求在制定高等教育拨款制度之时必须遵循其内含之制度逻辑。

一、高等教育拨款制度的制定和实施应该遵循一定的制度逻辑

所谓制度逻辑，是指某一领域中稳定存在的制度安排和相应的行动机制，这些制度逻辑诱发和塑造了这一领域中相应的行为方式。[2]而高等教育拨款制度的制定和实施内含着市场化的政府逻辑、大学自身运行逻辑和社会逻辑等三大制度逻辑，这三大制度逻辑之间的冲突与协调，既体现其在某些方面的差异性，又体现其在某些方面的一致性。

（一）市场化政府逻辑

市场化政府逻辑是市场逻辑与传统政府逻辑相互渗透而产生的一种以市场化倾向为主的新的制度逻辑，其产生于新公共管理运动兴起后。在以绩效为导向的高等教育拨款制度制定过程中，此种市场化政府逻辑通常体现在：一是高等教育拨款制度的制定和实施不仅要考虑高等教育的社会价值，而且还要考虑高等教育的经济功能。换言之，

---

[1] 涂端午：" 权威分裂、价值冲突、反控制——高等教育政策制订中的主要问题分析"，载《教育发展研究》2010年第7期。

[2] 周雪光、艾云：" 多重逻辑下的制度变迁：一个分析框架"，载《中国社会科学》2010年第4期。

第二章 高等教育拨款制度设计之核心关注

高等教育拨款制度的制定和实施既要考虑到社会所追求之公平价值的实现，还要考虑其究竟能够为整个国家和社会产生多大的经济效益。绩效导向的拨款制度设计就是以高校的工作绩效为评价标准，以求满足国家高等教育之世界竞争目标的实现和助益国家经济社会发展的目标的价值。二是绩效导向的拨款制度设计其实质就是坚持以结果为导向，更加注重高等院校整体教育质量的提高、教育水平的提升以及高校学生培养效果的优劣，而对于高等教育质量、水平和培养效果的评价又必须以量化的标准予以展开。而对此展开的评价则要作为高等教育拨款之主要依据，进而在不同层次不同类型的高等院校之间进行分配。此种运作方式凸显的是一种类似于市场逻辑的竞争性，然而，此种竞争性在带来高效益的同时，有可能会使高等教育运行的其他逻辑被束之高阁。因此，随着市场化政府逻辑在整个高等教育拨款制度中所占比重的不断增强，其与高等教育本身（大学）的运行逻辑、社会逻辑等发生冲突便在所难免。正如有学者指出，在高等教育制度制定的过程中，最基本的价值矛盾就是代表市场特征的经济价值与体现高等教育本质的知识价值之间的矛盾，当"沉默的市场强迫"成为制度制定的主导力量时，经济理性主义就会成为教育改革的霸权基础。[1]换言之，当市场化的政府逻辑在整个高等教育拨款制度中占据主导地位的时候，对于高等教育经济效益的追求将超越对高等教育公平价值的追求，进而成为主宰整个拨款制度的核心角色。

（二）大学运行逻辑

大学作为一种相对独立的实体组织，有其产生的渊源和历史，当然也存在其特有的运行逻辑。大学的运行逻辑主要包括：第一，大学有其自身独特的功能特征。大学除了具备有助于社会发展的经济功能之外，其还存在着其他多重角色与功能，如知识的生产者、知识的传授者、社会的批评者等。大学是一种能够生产知识和传授知识的组织，它通过大学精神的传播激励组织内部和外部的成员积极探索未知，通过思考、实验等获取新知，进而将新知传授于后继者，后继者又在此基础上挖掘更深层次的知识，如此循环往复拓展和增加整个人类社会的知识，这是大学最主要的功能特征。除此之外，大学还会以其独有之视角对社会现实进行批判性的剖析，以使整个社会获得更加全面的认知观，进而推动整个人类社会的进步，以发挥其社会批评者的重要功能。由此可见，经济功能只是大学基本功能之一，并且不是最重要的功能。第二，大学的功能特征决

---

[1] 涂端午："权威分裂、价值冲突、反控制——高等教育政策制订中的主要问题分析"，载《教育发展研究》2010年第7期。

定其追求目标不具有单一性,并且对高等教育成本和效率的纯粹追求也绝非其最重要的目标,其自身可能更看重知识生产者和传授者的功能定位进而获得的声誉。因为,这是大学能够称之为大学的最重要的因素,而绝非是以大学究竟为社会创造了多少经济财富予以衡量。第三,大学作为一个相对自由和松散的自治组织,功能特征之多元化影响到目标追求具有多元性,并且大学投入和产出之间的关系并非具有类似市场效益的可衡量性,而是呈现出一种不确定性和模糊性。

(三) 社会逻辑

社会逻辑是指与社会深层结构紧密联系在一起并得到普遍认同的规则。而大学作为社会之重要组织主体,对于社会逻辑的遵循自然是不可逃脱的。公平作为社会一个重要的、得到普遍认同的价值诉求,其具有强大的合法性。公平这一社会逻辑作用于高等教育绩效导向的拨款制度这一议题,其所要求的主要指向应该就是高等教育的社会公平。换言之,就是在追求大学产出绩效的同时不能忽略对社会弱势群体之高等教育利益的保护,即不管高等教育拨款制度将如何制定都要对社会之弱势群体发生适度倾斜,因为这是整个社会逻辑——公平——在高等教育拨款制度中的体现和要求。在以绩效为导向的高等教育拨款制度的制定过程中,社会逻辑与市场化政府逻辑之间的内在冲突也十分明显。市场化政府逻辑更加倾向于对高等教育效率和结果的追求，基于此要求大学在行政拨款的背景下，通过不断优化内部管理结构实现自身内涵式发展，进而提高大学毕业率和就业率，并将其与高等教育财政拨款直接挂钩。若拨款制度片面强调毕业率和就业率等技术指标，就在一定程度上迫使一些高等院校不断提高入学标准，以使其在招生之时便从生源方面进行一定的限制，如此可能会造成我国中西部地区的学生在入学之时便承担因地域差别而造成的劣势，进而难以保证整个高等教育公平的实现。[1]

二、高等教育三大制度逻辑之冲突表现

根据制度逻辑之基本理论，制度逻辑的冲突主要表现在两个方面：一是制度价值与目标之间的冲突，二是制度制定参与群体相互之间的冲突。首先看制度价值与目标之间的冲突。美国学者伯克（Burke）的研究发现，以绩效为导向的拨款制度至少在效率、质量、公平和选择这四种不同的制度价值目标之间会产生冲突。[2] 市场化政府逻辑对

---

[1] 毛丹："多重制度逻辑冲突下的教育政策制定过程研究——以美国伊利诺伊州高等教育绩效拨款政策制定过程为例"，载《教育发展研究》2017年第7期。

[2] Burke, J. G. & Associates, *Funding Public Colleges and Universities for Performance: Popularity, Problems, and Prospects*, Albany, The Rockefeller Institute Press, 2002, p. 51.

于高等教育的经济价值更为重视,在此种逻辑指导下通过鼓励竞争进而激励高等教育的产出和绩效才是其关注之核心。而在此种制度逻辑的作用之下,高等教育的效率和选择必然会成为以绩效为导向的拨款制度的首要目标。而就高等院校自身固有定位而言,追求高等教育的效率和产出只是其目标之一,除此之外,高等院校作为知识的生产者和传授者更为重视自身声誉之提高,以此才能巩固其自身之合法性存在,因此其必然会以高等教育的质量作为最重要的价值追求。而社会逻辑则更为关注高等教育资源在不同群体之间的分配是否合理这一问题,因此此种逻辑的首要价值应该是公平这个制度目标。三种制度逻辑不同的价值目标追求,必然导致公平、效率、质量和选择这四个制度目标常常带有冲突性,从而进一步导致以绩效为导向的拨款制度制定和实施过程显得更为复杂多变。[1]

其次是制度制定的参与群体之利益和意识形态之间的冲突。以美国伊利诺伊州高等教育绩效拨款制度的制定和颁布为例,往往存在着三大参与群体:一是由政府及其代理人所组成的高等教育绩效拨款制度的倡导者联盟,基于其固有的身份权威和高等教育经费之负担者之特定身份,

---

[1] 毛丹:"多重制度逻辑冲突下的教育政策制定过程研究——以美国伊利诺伊州高等教育绩效拨款政策制定过程为例",载《教育发展研究》2017年第7期。

其更为关注高等教育效率的提升,因此希望加强对高等院校的问责与控制,进而更倾向于按照市场化政府逻辑提出制定建议和实施策略。二是以高等院校以及其管理者、教师和学生为代表的高等教育拨款制度之目标群体,他们从高等教育之知识价值(知识的生产者和传授者)出发,更为关注整个高等教育质量和水平的提升,进而反对通过运用过于量化的标准去衡量高等院校的绩效,因为高等院校之毕业率和就业率等绩效目标并非其根本的追求方向,而此种建议的主要依据则是大学运行逻辑。三是对于一些以关注弱势群体利益为根本宗旨的社会团体和组织,在他们看来,社会弱势群体之入学机会的均等化才是其关注的核心,此类参与者的行动逻辑依据是社会公平逻辑。虽然各个制度制定的参与者和制度实施的行动者在不同阶段的行为模式和强度会有所变化,但是这三种制度逻辑所左右的参与群体之间的相互冲突及其博弈,终将成为左右高等教育拨款制度结果的重要因素。[1]

具体到高等教育绩效导向的拨款制度,大学的运行逻辑与市场化政府逻辑之间不可避免地存在着许多矛盾冲突:一是市场化政府逻辑关心教育的经济功能,推行绩效拨款

---

[1] 毛丹:"多重制度逻辑冲突下的教育政策制定过程研究——以美国伊利诺伊州高等教育绩效拨款政策制定过程为例",载《教育发展研究》2017年第7期。

制度的主要目的是提高大学生产效率和人力资本的投资回报率,为未来经济发展提供足够的高质量劳动力。而大学运行逻辑则认为,促进经济发展只是高等教育的一项功能,如果不关注教育质量而只关注数量和效率,就有可能培养出不合格的大学生。二是市场化政府逻辑强调按照产出来分配资源,它要求大学有明确的、可测量的产出。而大学运行逻辑则认为,大学保持率和毕业率与很多因素相关,比如生源质量、教师质量、学校硬件设施等,并非仅提高行政管理效率就可以解决所有问题。三是市场化政府逻辑倡导学校之间的竞争,但是在大学学位获得率这个问题上,不同定位的学校却难以进行比较。四是市场化政府逻辑认为,应该在保持政府投入不变的情况下,通过大学管理效率的提高、大学之间的竞争来解决产出不足和学费高昂等问题。而大学运行逻辑则认为,大学提供的服务是一种准公共产品,要解决大学毕业生不足、学费高昂等问题,政府的投入必不可少。在政府投入不增加的情况下,既要保证教育质量又要增加教育产出是非常困难的。[1]

三、制度逻辑冲突之协调

在我国高等教育拨款制度制定和执行的过程中,多重

---

[1] 毛丹:"多重制度逻辑冲突下的教育政策制定过程研究——以美国伊利诺伊州高等教育绩效拨款政策制定过程为例",载《教育发展研究》2017年第7期。

制度逻辑相互冲突的情形同样难以避免。一方面，高等教育自身的运行逻辑有其独特性，其最主要的实施者——高等院校——同样也有其运行逻辑，然而此种运行逻辑的结合更多地体现为对"大学精神"等传统角色定位的逻辑追求。而这种逻辑追求则通常会与一些外部的制度逻辑比如市场运行逻辑、行政逻辑相冲突，因为市场运行逻辑对于效率的追求、行政逻辑对公平的追求都会与大学固有逻辑产生矛盾。另一方面，高等教育制度自身价值目标就具有多元性，多元性的价值目标之间便存在固有的竞争性，比如公平、效率、质量等价值之间的矛盾往往是不可避免的。在此背景之下，要实现以绩效为导向的拨款制度改革，必须从以下几个方面进行改革，以提升高等教育拨款制度制定和实施的效率以及合理性。

第一，重视并坚持高等教育自身的运行逻辑和价值取向，对待市场逻辑和行政逻辑应持有一种慎重的态度。在制约高等教育拨款制度的制定和实施的多种制度逻辑之中，高等教育自身的运行逻辑是根基，是所有制度逻辑中的重中之重。因为无论高等教育拨款制度如何改革以及如何推行，其最终的目的仍将是整个高等教育质量和水平的提升，终将是我国整个高等教育国际地位的提升。至于市场化的行政逻辑和社会逻辑其最终的运行目标同样是服务于这一目标的实现，其只是整个高等教育发展过程中可以借鉴使用的制度逻辑,而并不具有根基性的基础地位。但恰恰是因为对市场化行政逻辑和社会逻辑的借鉴使用,才导致二者对高等教育制度实现不同程度的渗透,进而使得高等教育拨款制度在制定和实施过程中出现价值冲突。主要表现在高等院校与企业或政府在价值追求方面具有根本性的差异,它具有目标的多元性、过程的模糊性和结果的不确定性等特点,而市场逻辑的最终价值目标则是效益,因而要求各项行为要具备高效率,政府逻辑的最终价值目标则是平衡和控制,因而要求各项行为要具备公平性和稳定性,因此用市场的逻辑或行政的逻辑去要求高等教育的发展,并进而渗透其中作用于高等教育制度的制定和实施过程,就必然会出现制度效果与制度初衷相偏离或扭曲等负面结果。而要保证高等教育制度之初衷的实现以及保持其固有本质,则必然需要在高等教育制度的制定和实施之时尊重教育自身逻辑和价值,并坚持以此为重。

第二,在制度制定和实施过程中,应充分挖掘潜在的制度冲突对象,并在充分了解其利益诉求的基础上,将其纳入制度目标的考量之中。高等教育拨款制度的制定和实施所处的制度环境是极其复杂的,而所涉及的利益主体也是众多的,各不同环境中的利益主体的诉求自然是存在差别的,甚至具有利益诉求的异向性,因此出现利益冲突的现象在所难免。如要减弱高等教育拨款制度制定和实施过程中因此而遭受的阻力，则需要在制度制定过程中便要对制度运转所处的复杂制度环境予以把握，同时还要对制度所涉及的部门和人员的利益、态度和价值观等问题进行充分的了解和分析，做到有点有面、有粗有细地对各类问题予以类型化，进而提前提出相应的对策进行有针对性地应对。只有如此，才能在一定程度上减弱甚至避免各相关利益主体之间的利益冲突。[1]

第三，创新制度制定和实施之协商机制，实现哲学视角由主客二分向主客一体观点的转变，使制度实施所指向的受众成为制度制定和实施的参与者，以充分调动各方利益主体之积极性，进而充分发挥其提出制度制定和实施方案的创造性。高等教育拨款制度的制定和实施绝不应该是"一家之言"，应该是各方利益主体共同参与的协商过程，而这一协商过程必然要在平等对话的基础上进行，否则就失去了协商的价值。协商机制是否能够体现各方利益主体之平等，其关键在于制度制定者能够转变支配其制定行为的哲学观。如果制度制定者坚持一种主客二分的行动哲学观，那么其会将其他利益主体简单地视为制度的受众即制度客体而存在，基于此而将其他利益主体视为制度实施之

---

[1] 毛丹："多重制度逻辑冲突下的教育政策制定过程研究——以美国伊利诺伊州高等教育绩效拨款政策制定过程为例"，载《教育发展研究》2017年第7期。

被动接受者，显然难以与之在一种平等对话的氛围下进行协商，进而影响其他利益主体价值诉求之表达，使其价值诉求难以在制度中得以充分体现，最终导致其对于制度的实施因心有不满而竭力阻碍。如果制度的制定者坚持一种"主客一体"的行动哲学，便会将各方利益主体视为与其处于同一地位的主动参与者，从内心和行动方面均能平等地接纳各方利益主体之价值诉求，进而在一种平等友好地协商机制下实现制定和实施建议的互动，最终能够达成相互妥协基础上的利益一致。只有如此，才能有助于制度制定和实施之目标的最终达成。

第四，建立制度实施效果之追踪和修正机制。任何一项制度的制定都不可能是尽善尽美的，即使在制定和实施之初是毫无瑕疵的，随着社会发展进步制度固有的相对滞后性也会不断呈现，因此对于制度的构建过程应该是一个不断修正和不断完善的过程，只有如此才能使制度跟上时代发展之步伐。除此之外，即使在制度制定之初对各方利益有较为全面的考虑，但由于支配各方利益之制度逻辑之间潜在的矛盾难以完全消除，因此难免在制度实施阶段仍可能会出现制度目标偏移、制度执行不到位等情况。基于此，如要保证制度实施之顺利开展，必须对制度予以不断地修正和完善，因此，应建立一个制度制定—制度实施—制度效果追踪与反馈—制度调适的科学系统，及时挖掘制度实施过程中所出现的目标偏移等问题并进而做出相应调整，以保证制度的融合性价值和指导性价值。

第二节 绩效导向的拨款模式之选择

高等教育拨款模式之选择可以说是整个拨款制度具体设计的首要核心。而对于高等教育拨款模式的选择，首先应该遵循选择之基本原则。第一，按需和按绩效分配予以区分，进而保证高等院校的固有发展和质的提高相统一；第二，拨款模式的选择应当注意到高等院校类别的划分以及学科之间的差别，在坚持公平原则的前提下尊重高校及学科之间的差异化；第三，实现拨款模式从单一化向多元化（综合模式）的转变，并建立相对动态的指标系统。第四，要在分析种种拨款模式优劣基础之上对模式的选择予以倾向化地明确，即以绩效为导向的拨款模式。第五，要在拨款模式明确的基础上遵循其设计逻辑：其一，以产出型拨款机制为主，并综合运用多种拨款模式；其二，拨款实行分级分项相结合，充分发挥各种拨款模式之长。

一、拨款模式的选择应遵循的原则

高等教育拨款制度之模式选择同样应该是一种综合考虑之结果，从宏观层面而言，既要与整个拨款制度之体制、

第二章　高等教育拨款制度设计之核心关注

机制相吻合，又要符合目前追求的绩效和第三方参与的政策指向。从微观层面而言，拨款模式之选择则应当符合其内在制度价值——有利于整个拨款工作合法有效地顺利开展。而对其内在制度价值产生制约之首要因素便是其应当遵循之原则。

（1）拨款模式应当实行保证教学的常规拨款（"按需"）与提高水平的专项拨款（"绩效"）分开拨付，既要保证高等院校固有发展又要促进高等院校质的提升。

我国高等教育拨款模式的选择应该走一条综合改革的发展之路，既能够确保高等院校的稳步发展，又要能够激励突出的高等院校率先发展，即应该将高等教育拨款划分为"按需"拨款与"绩效"拨款两部分。

常规拨款（"按需"拨款）是高等教育拨款的主体部分，高等教育拨款咨询委员会必须将这部分高等教育经费的划拨放在首要位置。因为我们国家绝大部分高等院校的主要资金来源就是政府的财政拨款，也就是这部分常规拨款，如果失去，高等院校的日常性运作也将难以维持，而我国整个高等教育事业也将会受到严重的影响。对于常规拨款的划拨应该采用公式拨款法，并且应该考虑多个参数，如高等院校的学生数、教职工数、学生的生均成本、教职工单位成本、生师比以及高等院校所处的地域、现有规模、专业差别等，使人为因素的影响尽量减少，以便使这种教

· 077 ·

育资源的配置更为科学、合理。常规拨款其实质应属于对高等院校的一种成本补偿，因此，这种以需要为基础的常规拨款能够保障高等教育的公平与公正。

高等教育拨款在保证公平的前提下，还应当注重高等教育拨款的效率。很容易设想，同等的教育资源投入不同的个人身上，对个人的影响肯定是不同的，而这种情况同样适用于不同的高等院校。同等的高等教育财政资源被投入优秀高等院校和优势专业会产生更高的效益，也会更易于培养出高质量的人才，而提高水平的专项拨款（"绩效"拨款）便能起到这个作用。专项拨款的存在能够充分调动高等院校的积极性与主动性，使教学与科研质量的提高成为高等院校更加关注的焦点，使其努力跻身于一流高等院校与重点学科之行列，同时也利于高等教育拨款咨询委员会对高等院校的发展形成导向性。绩效拨款从其本质上而言应属于效益经费，更注重高等教育发展效率。

常规拨款（"按需"拨款）与专项拨款（"绩效"拨款）实际上是高等教育公平与效率相结合的体现。这两种拨款的结合既能够保障高等院校在获得拨款上的公平性，有利于整个高等教育事业均衡稳步发展，有助于避免产生马太效应，又能够使竞争机制得以引入，促使高等院校在激烈的竞争中不断提升办学质量，充分发挥所获教育资源的实际效用，以实现资源的最优配置。因此，在拨款模式选择时应注意坚持保障稳定发展的常规拨款优先，兼顾有助于质量提升的专项拨款。

当然，对于常规拨款与专项拨款的比例应当如何分配，应当考虑为确保高等院校发展的稳定性，专项拨款的比例不宜过高，这部分拨款的确定应完全依赖高等教育拨款咨询委员会的评估工作。高等教育拨款咨询委员会通过构建评估体系对各高等院校展开绩效评估，评估的结果将最终决定这部分经费的数额，当然，整个过程应当是公开透明的，以杜绝暗箱操作之可能。

（2）拨款模式的选择应当注意到高等院校类别的划分以及学科之间的差别，在坚持公平原则的前提下尊重高校及学科之间的差异化。

科学、合理的高等院校分类指导体系的建立，是高等教育拨款咨询委员会针对高等院校进行拨款工作所选择之拨款模式运作的重要基础。基于建校时间、历史发展、区域差异、隶属关系以及城市环境等多种因素的不同，造成高等院校在类型选择、办学实力及办学层次等方面呈现出很大的差异性。同样，基于我国现行的学科分类包括哲学、经济学、法学、教育学、文学、艺术学、历史学、理学、工学、农学、医学、军事学、管理学等十二种类别的划分，各学科类别之间不仅存在自身学科差异，而且对于经费的需求与利用方面也存在着很大差异。而如果对不同类型的高等院校以及不同学科之间不加任何区分，而是采用统一的指标与标准去确定高等教育经费的分配，很显然是不恰当也是不合适的。因为，不加任何区分的一刀切的拨款模式，表面上是一种绝对的公平，然而这种绝对的公平显然是对效率原则的忽视，不符合拨款制度所应有的"公平竞争""强调激励"精神，不利于以优促劣，还会影响实力较弱高等院校的办学积极性。

从高等院校类型及办学层次等角度对高等院校予以科学分类，进而建立更具针对性、应用性的高等院校分类分层拨款体系，为不同类型、不同层次院校的拨款提供依据。要区分学校的类型差别，因为不同类型的学校在拨款需求上自然存在较大的差异性，尤其是某些拨款方式采用之后对不同类型的学校造成的影响差别更大。如：农林类大学超过六成的收入来源于国家财政拨款，如果采用绩效拨款的高等教育经费分配模式，则对其影响相对较大，而采用绩效拨款方式对外语类学校的影响则相对较小。因此在选择具体的拨款方式、拨款规则时，应当注意在开始阶段，对那些财政拨款依赖性很强的高等学校不能造成过强的冲击，以免影响到学校的正常办学。同时，对那些财政拨款依赖性相对较弱的高等学校，要采用合理的指标和规则使国家的拨款制度能够在这些高等学校发挥最佳作用。而所有这些的前提就是要在评估时便对高等院校的类型予以区分，以使拨款更具备针对性和激励性。第三，高等教育拨款咨询委员会在组织专家组对高等院校进行评估时，还要注意学科之间的差别。文科、理科、工科、医科等各个学科之间存在差异，因此在评估时也需要注意它们之间的区别。如每个学科领域对其本学科内的科研成果、奖项等的评价标准是不同的，而且各学科所获得的荣誉也存在难易程度的差别，因此在对其代表性成果进行评估时自然也要采用不同的标准。

（3）实现拨款模式从单一化向多元化（综合模式）的转变，并建立相对动态的指标系统。

"综合定额+专项补助"与"基本支出预算+项目支出预算"等单一公式的拨款方式，不能真实准确地反映高等院校教育成本的变化规律，也没有考虑到高等院校的绩效因素，很难调动高等院校科研和教学的积极性，使高等院校只是盲目地扩大规模以求拨款基数的最大化，造成了教育质量下降、资金使用效益低下等问题。除了我国现有的拨款模式之外，世界上仍存在其他一些重要的拨款模式。而这些拨款模式也在某些方面有很大的优势。如公式拨款是以体现学校特征（如学生规模和人员配置结构）的公式确定拨款数额的一种方式，具有规范的拨款决策程序，有效地减少人为因素对拨款决策的影响，为教育经费的公平分配提供了一个量化的方法，具有较高的透明度；而合同拨款制度的主要目的是在中央政府与大学之间引进协商谈判机制，如今这种机制已经在很多国家得到比较好的运用。合同拨款制度发展成为一种制度形式，成为评估与拨款相统一的一种很好的实现形式。合同制度能够使高等院校确认自己是否遵循了国家的相关制度，使政府对高等院校的管理有所遵循，也方便社会对政府和高等院校进行了解和监督。因此，在拨款运作机制层面，我们必须借鉴各种拨款模式的优势进而将其吸收，从而使高等教育财政拨款由单一方式向综合模式方向发展。

与此同时，鉴于高等教育拨款咨询委员会在对高等院校进行测评时的难度以及相关指标制定的困难程度，应当在实施新的综合拨款模式的过程中不断改进相关的指标系统，只有如此才能顺应其发展的要求。因此，综合拨款模式的建立也绝不是一件一劳永逸的事情，而是在实际的应用过程中，需要对指标系统进行定期检查，以核查其是否真正适合新的环境。一旦出现指标或者整个公式不合理的情况，就要对其进行修正，以满足新形势、新变化。因此，建立相应的科学合理的反馈机制是必需的，综合拨款模式在应用于高等院校之后，应当积极收集和接受高等院校以及相关各界的建议，及时对相关指标系统进行改进，以确保实现建立此种拨款模式的初衷。

二、择其善者而取之——拨款模式之考查

合理的拨款模式应该达到引导高等教育实现社会贡献最大化的目的，即引导高等教育在教育数量、教育质量、办学效益等方面的综合贡献达到最大。在理论上，公共高等教育经费的划拨一般通过两种途径：一是直接拨款机制，二是间接拨款机制。前者指政府直接（或通过一个缓冲机构）将高等教育经费拨付给高等院校的方式；后者是指政府将教育经费以对学生直接资助的形式支付给学生，再由学生付学费给学校。从世界范围来看，大部分国家都是通过直接拨款机制来对高等院校进行资助的，只有极少数国家是采用间接拨款机制。[1]一般直接拨款模式有增量拨款、公式拨款、合同拨款、绩效拨款四种。这四种方式各有利弊，单独使用任何一种拨款方式，都很难解决政府教育资金的效率问题。因此目前各国所实行的拨款办法，很少单纯采用其中哪一种方式，更多的是几种方式的混合或综合。

（一）增量拨款模式

增量拨款模式是在综合考虑全国各地区高等教育的发展现状和政府财政状况的基础上，根据各高等院校在学科发展建设、科研项目增设等方面有所扩张的部分制定出政府财政拨款的增长系数，并以这一增长系数为标准来确定

---

[1] 但这方面的理论研究却比较丰富。

下一年度该校专项经费拨款额度的一种拨款方法，因此就其实质而言是一种"基数+发展"的拨款模式。其增加的拨款部分主要针对高等院校在原有规模基础上的扩大部分，比如新增设的专业或项目，或扩大的招生规模等。而对于增量部分的具体确定，则主要采用按公式测算、经验判断和简单的增长比例等三种方式。不可否认，增量拨款模式顺应了高等教育发展变化的潮流——从精英教育向大众化教育的过渡，同时也使得公众对政府增加公共拨款的强烈要求得以满足，进而使政府能够对高等教育的发展与公众对高等教育的需求之间的矛盾得以很好地处理。但随着高等教育自身体制与管理方式方面的改革，增量拨款模式其内在的局限性也日益显示出来。首先，这种模式的弊端在于其忽略了拨款对象的实际需要，只是单纯设定一个增量指标，在参照对象缺失的情况下并不能对经费是否充分的事实给出很好地反映，即教育拨款与教育事业的实际需要之间的紧密结合难以实现。其次，增量拨款模式容易导致学校管理的僵化，因为学校无法直接运用财政的手段去实现专业的调整等活动，同时使高校在提高现有资源使用效率方面缺乏动力。除此之外，如果政府所能提供的高等教育经费遭到削减或者保持不变，如此便使教育经费与教育需求之间的矛盾变得更加突出，也便使整个增量拨款模式陷入一种尴尬的境地。因此，越来越多国家选择放弃这种拨款模式并考虑采用其他拨款模式。但这种拨款模式为我们提供了一种启示，就是政府的高等教育财政投入至少应该是一种不断增加的趋势，而且这种增加的速度至少应该是与高等教育需求的速度持平的，只有这样整个高等教育事业才能不断发展。

（二）公式拨款模式

公式拨款模式可以说是一种被广泛采用的拨款方法，它能够比较好地考虑高等教育拨款中的相关基本因素，并使拨款经费的多少与各因素直接相联系，进而使整个拨款预算过程变成一个掌握、分析经费需求的过程，就其本质而言，它是零基预算法的一个变种。高等教育拨款以实现教育公平为首要原则，而对教育资源进行基础性分配能够保证高等院校基本运转的需要。常规性拨款的目的就是为教学提供正常的运行经费，并为每个学生提供合格的教学条件。

可见，从公平性方面而言，采用公式拨款的方法能够充分发挥预算拨款的客观与公正的要求，进而为资源的配置起到基础性的作用。每一所高等院校所能获得的财政资源水平都是由拨款公式中所包含的各种各样的制度参数以及分配的原则所决定的。如根据不同科类的生均成本、学生数量以及成本分担的办法进行拨付，从而避免了以往决策官员的权力任意性。相关官员在公式和决策的制定过程中所形成和遵守的判断，如果相关判断在拨款公式中得以确立，便变成了理性的准则必须被客观地运用施行，即使是决策官员在短期内也不可能对其进行任意的变更，如此一来，人为因素对经费拨款所能造成的影响便相对减弱了。高等教育拨款资源配置过程中所能产生的冲突与纷争，也因此可以得到有效的控制。并且从一个财政年度到另一个财政年度的决策程序，也可以通过认识时滞与管理时滞之缩短而得以简化。

从透明度方面而言，高等教育拨款资源配置的主要影响因素与具体的准则，都能在拨款公式中得以集中表现。各高等院校不仅可以对拨款的机理予以清楚地了解，而且还可以依据拨款公式以及自身所具有的相关参数指标预测自己应得的财政份额，并将其自己的预测结果与所获得的实际拨款数进行比较。增强了经费分配过程的透明度，以此也保证了基本经费的起点公平。如若发现存在问题，则可与相关主管部门进行理性的讨论和协商。

当然，公式拨款也会存在着某些问题尚未解决，如在依据公式进行预算时，公式中各因素的依据却只能是上一拨款周期的数据，对高等院校在此周期内的实际需要是难以反映出来的。同时，单纯的公式拨款往往较多地对公平因素予以考虑，而要实现按照学校办学水平和质量的高低进行有针对性的奖惩的积极作用公式拨款还是十分有限的，从而对于投入与产出实现适当结合的要求也是无能为力的。因此，为了促进高等教育的质量不断提高，还需要引入相应的评估手段，首先对高等院校的教学质量进行评估，然后再根据评估的结果对教学质量高、有特色的学校进行追加拨款，以实现其激励作用的发挥。

由于各高等院校的拨款主要都是依据拨款公式中所确立的因素及其系数所确定，而每所高等院校不同因素的等级是由高等教育拨款咨询委员会预先通过评估得以确定的，不同因素的相关系数是由高等教育拨款咨询委员会根据高等院校不同类型、不同学科等之间的差异性预先确定的，因此各高等院校想对自己的公式因素进行夸大是难以实现的。同时，由于拨款公式的设计本身便对高等院校系科的规模要素予以考虑，公式拨款对于调控高等院校办学规模以及效益的提高是有利的。

（三）合同拨款模式

合同拨款模式是指政府采用一种类似于合同招投标的方式，针对高等院校科研经费与专项经费进行高等教育财政拨款，实行一种专款专用的形式。该模式通过合同的形式将任务的各种指标、研究的相关进度、完成的最终期限以及经费的使用方式和支出结构予以确定，并通过各申请院校需要预期完成的目标等条款来保证专项经费使用的效率与效益。整个过程由实行申请者主要负责，高等院校监督作为保证,体现权、责、利相结合的原则。

　　合同拨款模式是高等教育拨款模式中一种更倾向于激励性的拨款方法。这种方法不仅限于科研经费方面的拨款,高等院校专项经费的分配也可以采用此种方法,合同拨款的方式可以刺激大学之间产生一定程度的竞争,所以合同拨款的方式既能够对经费的使用效率与质量实现保证,也能够较好地体现大学学术与科研管理自治与发展的自主。由于合同拨款的实行几乎都存在某种形式的评价,因而有助于高等院校保证办学和科研的质量,在一定范围内也得到了普遍的发展与认可。

　　然而在实践中,合同拨款模式并无法适用于所有的拨款类型,并且它的使用也存在着某些潜在风险,即可能会对高等院校的基础学科与基础研究产生不利的影响,因为基础学科与基础研究往往更需要比较稳定的财政拨款,而合同拨款虽有较强的激励性但稳定性方面不强。同样,在这些基础性的学科和研究需要多个部门与专业进行合作时,往往还会发生这种潜在的风险。除此之外,合同拨款的方式可能会对高等院校的活动行程形成导向性,从而可能会对学科发展与学术创新以及研究成果的及时传播形成一定的副作用,甚至还可能对学术自由设置新的障碍。因此,在运用这一拨款模式时必须十分注意可能会出现的问题与矛盾,并借鉴其他方式的运用加以克服。

(四) 间接拨款模式

间接拨款方式，其最主要的一种模式就是教育券模式，即通过教育券这种拨款机制来予以实现。教育券制度是指政府将用于高等教育的财政经费以教育券的形式直接发给学生或家长而非发给学校的一种拨款形式。学生或者家长可以使用教育券以支付所选学校的学费与相关的教育费用。这种模式的实施，其教育经费主要跟着生源走，并不直接针对高等院校进行投入，因此可以增进学校之间的有效竞争，进而使资源配置的效率得以提高，同时也使学校适应市场的能力得以提高。

教育券理论的首次提出是在弗里德曼《经济学和公共利益》一文中。弗里德曼之所以提出教育券理论以及相关制度设计，其主要是针对当时美国公共教育中公立学校系统的质量与效率低下的状况，而这种状况则是由于政府垄断公共教育资源而导致的，因此，其提出要求把市场竞争机制与家长自由选择机制同时引入学校系统，以此来促进美国公共教育质量的提高。弗里德曼认为，实施教育券制度，即政府把原来直接投入公立学校的教育经费按照生均单位成本折算以后，以面额固定的有价证券（即教育券）的形式直接发放给家庭或学生，学生凭教育券自由选择政府认可的学校（公立学校或私立学校）就读，教育券可以冲抵全部或部分学费，学校凭收到的教育券到政府部门换取教育经费。[1]

可以说，教育券模式作为一种间接拨款方式，对于激励高等院校之间的竞争意识，从而促进财政资源的优化配置有其独特的作用。然而，此种模式实施的一个前提便是学生对高等院校存在一种自主选择权，即学生可以根据自己的兴趣爱好以及其他方面的因素对所要就读的高等院校进行选择。在我国这种情况目前是难以实现的，因为我国所实行的高考制度更倾向于一种高等院校对学生的选择。因此，此种模式目前在我国并不具备可适用性。

（五）绩效拨款模式

绩效拨款模式是指首先对高等院校科研绩效的指标及各指标的权重予以确定，再对各高等院校科研的实际情况分别进行相关指标的绩效评估，最后将评价所得出的结果作为对各高等院校进行科研专项经费拨款的依据。公开竞争是高等教育拨款遵循的重要原则之一，因为竞争一方面能够对提高资金的使用效率予以保证，另一方面对于维护竞争者之间的公平予以保证。而绩效拨款这种拨款方式恰恰能对该原则予以充分的遵循，能够对高等院校优秀的办学质量与科技创新活动给予更大的鼓励。

实行绩效拨款模式，其实质就是将竞争的机制真正引

---

[1] [美] 米尔顿·弗里德曼：《资本主义与自由》，张瑞玉译，商务印书馆1986年版，第37~40页。

入高等教育领域，在尊重高等院校的办学自主权以及自身发展规律与特点的前提下，通过运用市场竞争之手段，使高等院校在教育质量、特色品牌学科专业以及学术声誉方面展开较量，并将高等教育拨款与之挂钩。从而能够鼓励高等院校尽量降低各方面的成本、重视教学质量科研质量，提高高等院校的产出效率，从而提高高等院校的整体价值。而在价值、质量和生产力三者这种密不可分的关系基础上，在保证高等教育质量的不变情况下，要想实现这种低成本高质量的效果，关键便在于绩效指标对于控制资源使用与鼓励创新方面的能力。如此，绩效拨款模式不仅在一定程度上可以解决经费投入不足之矛盾，能够以相对较少的财政资源投入获得较大的高等教育产出。而且还可以对高等院校科技的转化与品牌知名度的提升形成有效地促进作用，更重要的是形成了一套公平、公正、透明、高效的竞争机制，能够培育一种竞争向上的发展氛围，将有限的"稀缺资源"与条件效益相对较好的地方形成对接。除此之外，绩效拨款方法最注重的便是绩效，使得所有的高等院校在绩效面前都是平等的，高等教育拨款的最终依据只取决于绩效。如此，有利于政府对教育资源实现合理分配及有效利用，也有助于实现对大学之发展形成强有力的督促于促进作用。

综合分析种种拨款模式，可谓是各有特色的同时又存在其弊端。整合而言，绩效拨款模式顺应目前国家高等教育拨款制度改革之趋势要求，但也不得不承认绩效拨款的模式也存在其劣势，这便是绩效指标系统的确定是比较复杂的，要想考虑周全是非常不容易的，而且往往在每个绩效因素所占的权重确定上会仁者见仁、智者见智。如果考虑不周全，还可能造成负面影响。因此，科学合理地确定绩效指标系统是极为重要的。构建完善的绩效指标体系，探索建立多参数的高等院校财政拨款公式，必须要对高等院校之间的地区差异、类型差异、层次差异、效益差异，以及在前述差异基础上所产生的成本差异、平均开支水平的区别、学校规模之差别、学生层次之高低、专业及学科机构等因素予以考虑，同时对于高等院校的教员及其结构，行政管理人员、后勤服务人员及其结构等因素也要予以涉及。最后，再将各绩效因子纳入拨款公式当中，根据绩效确定分配资源的比重。

三、绩效导向之拨款模式的设计逻辑

以绩效为导向之拨款模式的确定，是在考察众多拨款模式基础之上得出的结论，同样也是在顺应国家高等教育拨款制度发展趋势的背景下确立的。模式确立之后的设计则是后续工作之重心所在。然而，以绩效为导向的拨款模式之设计，既要保持该拨款模式区别于其他模式之独立性，

又要借鉴各种拨款模式之优势予以整合，只有如此才能使其发挥最大价值，符合政策发展之要求。

（一）以产出型拨款机制为主，并综合运用多种拨款模式

根据高等教育拨款所依据之因素的性质不同，"政府－高等院校"二元结构下的拨款机制又可分为投入型拨款机制和产出型拨款机制两种。投入型拨款机制主要是针对涉及高等院校投入的相关因素所进行的成本－效益分析的预算方法，而产出型拨款机制则主要是针对涉及高等院校产出的相关因素所进行的成本－效益分析的预算方法。从高等教育拨款预算角度来分析，增量拨款模式与公式拨款模式应该属于投入型拨款机制，而合同拨款模式与绩效拨款模式则属于产出型拨款机制。由此可知，投入型拨款机制更注重根据高等院校运转所需要投入的资金额来确定拨款数，而产出型拨款机制更注重根据高等院校运转所产出的效益来确定拨款数。显然，投入型拨款机制适用于对高等院校的常规性活动进行拨款，而产出型拨款机制更适合于对高等院校的专项性拨款。常规性拨款能够保证高等院校的正常运转，而专项性拨款则能够促进高等院校的发展，而目前高等院校的正常运转只是我国高等教育的基本要求，高等教育的更高目标应该是不断提升和发展，而且从世界其他国家的实践中也可看出，无论是投入型拨款机制还是产出型拨款机制都试图将激励机制引入整个教育资源的分配中，

通过对拨款公式实现多制度参数的设置,以实现高等教育所追求的多项目标。而产出型拨款机制所存在的固有的激励作用在整个高等教育拨款工作中显得尤为重要,因此,需要以产出型拨款机制为主,即应主要从产出型拨款机制中选择拨款模式以完善整个拨款工作。

当然,不可否认产出型拨款机制也有其固有的缺陷,如可能会造成高等院校之间发展的"马太效应"的加剧,还可能会造成一些基础学科专业或者短期内难见成效学科专业的发展受到影响,也自然使得以这些学科专业为主的高等院校处于一种不利地位。所以,在强调追求效益的时候应该以保证基本的社会功能与社会责任的实现作为底线。过分注重追求效益,也会在一定程度上损伤高等教育与社会经济之间的协调、健康发展。因此,以产出型拨款机制为主,综合运用多种拨款模式,对不同的拨款项目采取不同的拨款模式才是高等教育发展的必然选择。

(二) 拨款实行分级分项相结合,充分发挥各种拨款模式之长

"分级"是指各级政府之间拨款责任的分配问题,而"分项"则是指针对不同项目的各种拨款资金应当分开,以提高各种资金的针对性,分级与分项相结合则是指不同层级政府在对高等院校进行拨款时应该选择与自己相符合的适当的资助项目。

第二章 高等教育拨款制度设计之核心关注

基于我国目前高等教育拨款体制以及分税制财政体制改革的现实背景，高等教育财政责任由中央和地方共同分担，并且以地方拨款责任为主，如此便使地方利益逐渐明确且强化。中央政府代表的应该是全国的利益，因此其在选择拨款项目时应该选取能够对各地区高等教育发展起到平衡作用的资助项目以补偿地区利益。除此之外，还应该选取一些可以激励优势学科与专业发展的拨款项目以刺激高等院校致力于向"高精尖"的方向发展。由此，中央政府的拨款资助项目应主要侧重于针对学生的直接资助、保证贫困地区公平性的补贴、科研性的合同拨款以及一流大学扶持与国外优秀专家引进费用等。当然，我们必须清晰地认识到我国目前的高等教育拨款体制及分税体制与其他一些国家的财政体制彻底分权与高等教育管理完全地方化存在很大的差异，因此在资助项目及拨款责任的分配上还不能非常具体化，即中央政府针对高等院校的经常性拨款的责任一时还是难以减轻的。而地方政府拨款除了保障高等院校的基本运转费用之外，其拨款方向则更应该倾向于能够激励和刺激高等院校提升自身发展的项目，如科研类项目拨款等。在中央与地方拨款责任的分配中，无论拨款责任如何分配或者侧重点在哪个方向，都必须注重综合运行各种拨款模式。

产出型拨款机制本身包含众多的实现形式，如合同拨款、绩效拨款、政府采购等拨款模式，可以用于不同价值目标的实现。考虑到高等教育拨款的基本类型通常包括常规性拨款与专项性拨款两大类，针对这两大类拨款类型，则可以采取不同的拨款机制或模式。如常规性拨款，通常包含高等院校正常运转所需费用，而针对此类拨款则可采用投入型拨款机制中的增量拨款与公式拨款两种模式。增量拨款至少能够保证高等院校在随着经济社会发展过程中运行成本增加部分获得拨款支持，而公式拨款则基本可以保证高等院校正常的运转费用获得支持。在此基础上便可保证高等院校的基本发展。而对于专项性拨款这一类，则可采用产出型拨款机制中的绩效拨款与合同拨款等模式，如在科研经费的分配中可以增加合同拨款的范围与程度，采取一种择优拨款的方式，以充分实现对高水平大学科研的鼓励。通过综合运用不同的拨款机制中的不同拨款模式，分别拨付保证教学活动的常规性拨款与提升水平的专项性拨款，才能够保证和促进高等院校整体水平的提升。

第三节　绩效拨款制度选择之核心关注——绩效指标体系

芬兰学者齐维斯托（J. Kivisto）认为，政府对于高等院校的影响，一种是以投入为基础的传统财政拨款方式对高等院校进行行为引导,另一种是以绩效评价、拨款(即"绩效拨款")为基础对高等院校进行结果导向的引导。[1]高等教育绩效拨款的主要目的是通过改革高等教育体制、机制和模式的管理形式,进而提高整个高等教育拨款工作的绩效水平,以保证高等教育整体质量和水平提升之目的。要实现这一目标,绩效拨款模式可以作为改革措施的选择项之一。而绩效拨款模式运行之首要前提便是绩效指标体系的构建,绩效指标体系的构建则是为了更全面更准确地对高等院校之"功绩"进行绩效评价,进而作为高等教育拨款之依据。

绩效拨款的有效实施依赖于一套较为完善的绩效指标评价体系的构建。如果高等院校之绩效产出不能被很好地予以测评,或者评价指标本身就存在问题进而导致测评无效,那么寄希望于通过改革绩效拨款模式而去提升高等教育质量的目标无异于缘木求鱼。由此可见,高等教育绩效指标评价体系是整个绩效拨款制度的核心,其直接反映出整个绩效拨款制度的目标价值,同时也是针对高等院校进行评价进而确定拨款数额的重要依据。

一、绩效指标体系的设计思路

第一,绩效拨款制度设计和实施的前提首先应该是高

---

[1] Kivisto, J., *Agency theory as a framework for the government–university relationship*, Tamere University Press, 2007, pp. 102~105.

等院校的类型化。高等教育绩效拨款模式的选用是绩效评价方式在我国高校评价实践中的具体运用，其将整个绩效指标体系分为"投入"和"产出"两个视角予以划分，并且比较倾向于从"产出"这一视角对绩效指标体系予以构建。然而，这一绩效评价指标体系的架构会面临众多困难：如高校层次和类型呈现多样化、高校发展定位和方向具有差异性、高校发展规模和需求呈现层次化，难以运用具体统一的指标体系来对这些高等院校的"投入"和"产出"的绩效作出评价。

就高等院校的本质而言，追求知识、探索发现和培育人才是其最根本的价值目标。基于此，政府在对高等院校进行绩效评价进而实施拨款之时，其评价的根本出发点和落脚点要以是否有利于提高教育质量和提升教育水平为重。[1]然而高等院校的总体绩效又是极其复杂且难以衡量的，因为针对高等院校绩效之界定和评价方法本身就是存在较大争议的两个问题，而且理论和实践中有很多建议在设置评价指标时并未对高校的类型差异予以充分考虑，评价指标具有单一性和无差异化，而这种绩效评价指标体系的使用必然与高校目标的模糊性、产出的不确定性等特点相冲突，进而引起高校的抵制情绪也在所难免。因此，如

---

[1] 唐兴霖、尹文嘉："从新公共管理到后新公共管理——20世纪70年代以来西方公共管理前沿理论述评"，载《社会科学战线》2011年第2期。

要构建一套合理的高校分类评价管理指标体系,首先就要对不同层次的高等院校进行合理化分组。我国高等院校的数量非常庞大,有近3000所,而且类型多样可以分为重点高校、普通高校、高职高专等。按照不同的标准可以将其划分为不同的种类。如按照其管辖政府级别的不同,可以将其分为部属高等院校和省属高等院校;按高等院校发展定位的不同,可以将其划分为研究型、教学研究型和教学型三种不同类型;按照学位授予权的差别,又可以将其划分为博士学位授权高校、硕士学位授权高校和仅授予学士学位的普通高校;按照国家重点建设项目名单所属不同,又可将其划分为"985/211工程"高校和非"985/211工程"高校。综合而言,不同层次不同类型的高等院校,在战略发展定位、人才培养目标、发展基础层级等方面的不同,必然致使其在经费收入和支出结构方面也会存在差异。因此,要进行绩效拨款必须要对高等院校进行类型化分类。

第二,绩效指标体系的构建应该坚持一种多元化的参与机制,以平衡不同类型高等院校之间的利益。毋庸置疑,绩效指标体系的构建是整个绩效拨款制度的重点和难点,毫无疑问也会是所涉各方利益主体博弈的关键点。如何融合和平衡各方主体之利益诉求,进而保证拨款制度制定的合理性、完备性和可实施性，则显得尤为重要。[1]多种利益诉求之冲突必然需要多元化的参与机制，以充分满足各方利益诉求，从而实现利益平衡。因此具体绩效指标的选择要充分考虑不同层次不同类型高等院校运行的实际特点。制度制定者在对高等院校进行合理类型化的基础上，应对不同层次不同类别的高等院校采取不同的指标权重，不仅要在统一指标评价的基础上突出效率目标，而且还要通过对实力较弱的高等院校进行特定指标的加分、加权，进而对绩效拨款方案所造成的倾斜予以调整以突出对公平目标的追求。除此之外，在不同绩效指标的权重安排上，还可以采取一种相对灵活、平衡的解决方案，以使各高等院校能够根据自身的实际情况给自己赋分。而此种安排的合理性必须依赖于一种多元化参与机制的设置，只有在这一机制下实现多方利益主体的平等对话，才能设计出让各方都接受的技术指标和权重安排。

通常而言，比较完善的绩效评价指标体系应当包含四个方面的指标：投入指标、过程指标、产出指标及结果指标。其中投入指标关注的重点应该是所投入资金的结构安排，具体到高等教育方面便类似于基本支出预算、项目支

---

[1] 毛丹："多重制度逻辑冲突下的教育政策制定过程研究——以美国伊利诺伊州高等教育绩效拨款政策制定过程为例"，载《教育发展研究》2017年第7期。

出预算等；过程指标关注的重点应该是高等院校对所拨付之资金进行分配及使用时是否合理，如教学和科研资金分配比例和数额是否合理等；产出指标则更为关注对所拨付资金的使用效果，如高等院校培养出毕业生数、学生就业数等；结果指标通常是开展绩效评价的最重要的依据，关注学校在战略规划实施过程中所产生的成绩和亮点，这些成绩和亮点并不只是通过财政性的数据来呈现，其更为关注高等院校整体地位的提升。如高校在社会声誉、毕业生质量、科研产出、社会贡献率等方面的突出表现，鼓励高校提供对学校办学绩效起到积极影响的、能够全面反映和证明学校办学绩效的材料。[1]

第三，高等教育绩效评价体系的建构应坚持以战略管理理念为指导的设计思路，并以循证为依据不断完善评价指标体系。对高等院校开展绩效评价的主要目的是为了提高高等院校的办学质量和办学水平的提升，而战略管理理念对高等院校的整体发展和教育质量的提升起着非常重要的引领作用，将高等教育绩效评价体系聚焦于高等院校的战略管理层面，把高等院校的战略管理作为提升其办学质量和办学水平的重要杠杆。在此基础上，又把高等院校的战略定位和发展目标的确定作为绩效评价的重要关注点之

---

[1] 胡赤弟、闫艳："以绩效评价促进质量保障：高等教育质量保障体系建设的宁波实践"，载《中国高教研究》2017年第12期。

一，通过评价学校所采取的战略举措以及战略目标的实现程度来衡量高等院校的办学绩效。[1]如此将战略管理理念融合到高等院校之发展和高等教育绩效评价体系双主体之中，以实现二者之互动提升。当然，高等教育绩效评价不应该拘泥于或受制于建构一个完全统一的指标体系，而是要建立多种绩效评价指标体系并存的评价模式，依靠多种评价体系而使绩效评价最终更加趋于合理化。同时要尽可能充分利用社会或政府现存的对高校的评价结果，即充分利用已有的一些比较有影响的对大学的社会评价结果，也可以参照省级及以上教育行政部门的各项评价结果，对高校进行二次评价。[2]

除此之外，还要注意绩效评价的核心目标是高等教育的整体性发展。一方面，"整体性"是指政府对高等教育开展绩效评价的目的之一是提升高等教育的整体水平和系统发展，这一整体性内含每一所高校的个性化发展。而每一所高校的个性化发展，在于将质量改进作为持续的追求。另一方面，"整体性"还指高等教育的发展还要和整个经济社会发展相协调。[3]与此同时，绩效指标的设计必须有较强

---

〔1〕 胡赤弟、闫艳："以绩效评价促进质量保障：高等教育质量保障体系建设的宁波实践"，载《中国高教研究》2017年第12期。

〔2〕 胡赤弟、闫艳："以绩效评价促进质量保障：高等教育质量保障体系建设的宁波实践"，载《中国高教研究》2017年第12期。

〔3〕 胡赤弟、闫艳："以绩效评价促进质量保障：高等教育质量保障体系建设的宁波实践"，载《中国高教研究》2017年第12期。

第二章　高等教育拨款制度设计之核心关注

的实践性或可行性，不仅包括指标设计及评价上的可行性，还包括政府财政预算上的可接受性、获取各项指标所花费成本以及实施绩效拨款占全部高等教育财政的比例[1]。

二、绩效评价之完善逻辑

第一，实现绩效评价主体的专门化和多元化。针对高等院校所进行的绩效评价，其绩效评价主体的确定，绝不可以再坚持以前固有的政府决定模式。如果仍然坚持由政府单一主体负责绩效评价，从拨款体制方面而言，"政府-高等院校"之二元结构之弊端仍然难以克服，其评价之客观性仍然难以保证。基于此，顺应目前政策所凸显的第三方参与主体之要求，可以借鉴英国高等教育拨款模式的经验，并结合中国整个高等教育之发展现状和试点经验，设立高等教育拨款咨询委员会作为专门的中间机构连接政府和高等院校，进而将高等教育拨款咨询委员会作为高等教育拨款工作之专门化机构，同时将"政府-高等院校"的二元拨款模式为"政府-高等教育拨款咨询委员会-高等院校"的模式。专门化拨款机构的建立并不否定可以由多方主体参与其中，政府、高等院校、社会组织等相关利益方均可以派出代表作为绩效评价之具体实施者，进而保证评价之

---

[1] 张伟、朱嘉赞："美国高等教育绩效拨款实践：经验与启示"，载《江淮论坛》2017年第3期。

客观公正性。

第二，优化绩效评价运行机制及评价结果的使用。根据高等院校之间众多方面的不同，在对其进行类型化分组的基础上，对其进行差异化评价，并将绩效评价结果与高等教育拨款额度进行有机结合，如此才能使绩效评价的结果更具客观性和可信度，而基于该绩效评价结果所进行的资金拨付也才会更为合理。与此同时，对高等院校拨款之绩效评价工作应该定期开展，使其评价工作具有周期性、评价结果具有动态性。如本科教学评估间隔4年，研究生教学评估间隔2年至3年，确保高等教育拨款之实际数额能根据高等院校之实际发展状况进行动态调整，以满足其切实需要。在绩效评价工作的过程中，应建立高效、科学、合理的运行机制，政府应逐步转变在整个高等教育拨款制度中的绝对主体地位，进而将工作的重心放在保障制度体系的建设与总体层面的监控工作方面，而具体的绩效评估工作可以交由第三方中间机构，以此保证高等院校绩效评价工作的高效、规范。除此之外，还要结合绩效评价结果，对不同高等院校财政拨款的方式、金额、期限进行动态调整，以实现财政拨款配置的优化和使财政经费实现效用最大化的目标。

第三，完善绩效评价的监管体系。监管体系的构建与完善是发达国家高等教育财政拨款绩效高效化的重要保证。

监管体系的构建和完善主要包括监管内容、监管主体、监管方法等方面。从监管内容方面来看,其应当包括财政拨款的金额、具体使用方向和分配方法、相关信息公开等;从监管工作主体方面来看,则应包括高等教育拨款制度所涉及的各方利益主体,如教育行政主管部门、财政及专设的监管机构、高等院校及其管理者、高等院校的学生和社会团体组织;从时间范围方面来看,监管体系要覆盖高等教育拨款拨付和使用的全过程,从根本上对其予以监督以保障财政拨款使用效益的提高,降低各种违法违规行为的发生可能性。从评价方法来看,建议应以定量分析为主,定量分析与定性分析相结合的评价方法,因为精确客观的数量是对高等院校绩效进行准确评价的前提,因此,能够采用数量进行衡量的指标均尽可能定量化处理,以确保绩效评价结果更为精确、科学。

  第四,推动绩效评价的法制化。纵观英、德、美、法、日等发达国家对高等教育进行绩效评价的发展历程,与此相关的制度和法律法规首先得以确立,如此便为国家高等教育拨款工作提供了法制化的保障,为该项工作提供了强有力的制度支持。同时,也为监督高等院校在财政投入和使用方面的工作提供了法律依据,进而迫使高等院校对整个拨款工作予以重视,约束其努力提升财政投入的使用绩效。然而,我国目前尚未专门就高等教育拨款之绩效管理进行专门立法，相关的要求更多体现在国家所出台的相关政策文件之中，并且并不具有体系化特征，因此，尽快加强相关立法为制度实施提供法律保障则显得尤为必要。首先，应针对高等教育拨款之绩效评价这一专门的制度进行明确的法律规定，明确绩效评价的目标、原则、范围、方式以及考核结果的认定和应用，使高等教育拨款绩效评价工作有法可依。其次，加快相关法律法规的修法工作的进行，在《预算法》《会计法》《高等教育法》等法律规范中根据高等教育拨款制度改革之要求，对相应条款予以调整，进而从财政体制和教育体制两个方面共同保证拨款制度的实施。

第三章 CHAPTER3
第三方参与主体之选择
——高等教育拨款咨询委员会

高等教育资金依赖于政府,从政治学的角度分析,随着 20 世纪以后"国家主义"盛行,政府更是作为一种不可忽视的力量参与到大学的管理当中并延续至今。从经济学的角度分析,高等教育作为一种"准公共产品"势必与政府有着千丝万缕的联系,政府有责任为大学的生存提供基本保障。由于我国大学长期依赖行政性、指令性的资源配置使大学的话语权、自主权缺失,"象牙塔"的光环日渐失色。[1]

而"双一流"战略的建设与推进需要创新资源投入机制,防止形成新一轮的高校对政府的资源依赖。政府推行重点建设政策的初衷为通过资源的集中投入,为中国顶尖大学冲击世界一流大学提供充足的资源保障。然而在运行

---

[1] 佟婧、申晨:"'双一流'背景下大学筹资制度改革的路径探析",载《北京教育(高教)》2018 年第 11 期。

过程中，却加剧了高校对政府的资源依赖，使得资源投入的应有效益难以发挥。这与重点专项拨款在高校经费中所占比例过高及重点项目的不稳定性与不透明性密切相关。"双一流"采取绩效拨款的方式进行投资建设。《统筹推进世界一流大学和一流学科建设总体方案》指出，要"创新财政支持方式，更加突出绩效导向，形成激励约束机制"。绩效拨款方式有利于唤起高校办学的质量意识，激发高校提高办学经费的使用效率。然而，"双一流"建设在按照"以绩效为杠杆"原则进行投资时，必须考虑到绩效评估及基于绩效评估结果的资金分配机制可能产生的负面效应。作为最先开展科研绩效评估的国家，英国高等教育拨款机构对大学已开展 7 轮科研绩效评估。经过近 30 年来的大学科研绩效评估，英国大学之前相对自治的学术场域已经遭受了外部规制力量的干预、侵蚀和渗透。

在这种新的学术激励结构下，学者要想在学术场域中生存和发展，就必须在科研评估中取得更好的绩效。这种"绩效主义"和"管理主义"笼罩的学术场域内，学者可能逐步失去选择研究主题、研究方法和研究进度方面的自由，更重要的是学者们追求学术、探求真理的动机日益被外在的、功利的激励机制所遮蔽。由绩效评估所带来的规制力量及其内隐的"理性的自负"，在一定程度上对于学术空间的持续扩展存在潜在的负面效应。[1]因此，需要注意绩效拨款的应用限度，合理地确定固定拨款与绩效拨款的比例，防止形成高校对政府及拨款机构的过度资源依赖，以免产生资源投入与资源依赖的"摩擦效应"。"双一流"建设应使高校在获得办学资源的同时，不为行政资源依赖问题所困。

对于政府来说，规划国家范围内的资源分配和不同类型高等教育机构之间的分工本身是可取的，而且是对学术自治的必要限制。但过度限制自治权对于长远发展是不利的，因为高校内部一定程度的学术自治可以更好地促进高等教育的发展。纵观我国高等教育财政拨款体制的发展历程，主要经历了计划经济时期的中央统一财政和市场经济体制时期的分级财政分级管这两个阶段。但无论是哪一阶段，中央政府和地方政府都直接左右着高校的财政经费拨付。这种"政府-高校"单向的资金拨付过程，使得高校严重依赖政府的财政分配，导致高校发展极受限制。因此，有必要设置一个中介机构，在政府和高校之间充当润滑剂的作用，缓冲二者的关系。既能代表高校的共同利益，又能传递政府的声音，成为高校与国家之间的双向管道。一步步完成由"政府-高校"二元机制向"政府-中介机构-高校"三元机制的转变。如今高等教育愈发普及，成立高校基金委员会这类

---

[1] 宗晓华、陈静漪："英国大学科研绩效评估演变及其规制效应分析"，载《全球教育展望》2014年第9期。

中介组织能有效起到缓和政府与高校之间资源分配的冲突，提高高校财政资金使用的能动性和自主性，并应对其恰当地增能赋权，用以打通高校及政府的藩篱。[1]

第一节 我国建立高等教育拨款咨询委员会之必要性分析

通过对我国现存的高等教育拨款制度问题之分析，又比较分析国外几个国家的拨款制度，我们清晰地发现一个"中介组织"的存在。虽然各个国家因为在政治体制、社会机制以及历史因素等方面的差异而中介组织也不尽相同，但是却难以否认其存在的价值。具体到我国而言，这一中介组织已经多次在我国重要的发展规划文件和会议中得到关注——高等教育拨款咨询委员会。《国家中长期教育改革和发展规划纲要（2010—2020年）》第58条指出，"设立高等教育拨款咨询委员会，增强经费分配的科学性"。《教育部2010年工作要点》第27条要求"研究制定设立高等教育拨款咨询委员会方案"。《教育部2011年工作要点》第25条指出，"研究设立高等教育拨款咨询委员会"。2012年1

---

[1] 杜今："从缓冲器到战略家——探析角色视角下英国大学拨款委员会的转型演变"，载《教育现代化》2019年第92期。

月 6 日，刘延东在 2012 年全国教育工作会议上的讲话上强调指出，"尽快设立高等教育拨款咨询委员会"。2012 年 1 月 20 日，《教育部 2012 年工作要点》第 6 条指出，"加强高等教育拨款咨询委员会工作"。地方政府也在研究"高等教育拨款咨询委员会"，如《上海市中长期教育改革和发展规划纲要（2010—2020 年）》第 5 条第 3 款提出"设立高等教育拨款评估咨询委员会"。

一、建立高等教育拨款咨询委员会有助于解决二元结构拨款体制之问题

目前，我国的高等教育拨款体制主要可以归结为：国家教育部直属高等院校和中央各部委所属高等院校的拨款，由财政部划拨给国家教育部和其他各部委，再由他们分配给各所属的各高等学校；地方所属高等院校拨款由省级财政部门划拨。这是一种教育财事权分离和政府教育投资条块分割、部门分割的高等教育经费分配体制。[1]这种拨款部门是纯粹的官方部门，其人员都是政府官员，拨款的整个操作程序都要受到政府的直接干预，受人为因素影响很大。

高等院校所开展的教学活动是为了将可用之才传输给

---

[1] 黄波："浅析我国高等教育财政体制的公平与效率问题"，载《现代教育科学》2007 年第 7 期。

社会，其内部体系纷繁复杂，不管采用分权、集权还是二者兼顾的教育体制，政府的政策和行为都可能出现较大偏差，最终导致政府失灵。[1]对于我国来说，这种失灵的现象通常反映在：政府无法对自己进行完全精准的定位，对于高等院校的教学活动过于干涉，导致高等院校变成政府手中的附属产物；而在整个过程中，政府往往并未掌握到足量、有效的信息资源，从而可能导致效率不高；并且相关的制度政策略显老旧、保守，无法满足整个教育发展的需求；在干预的过程中也未能依据公平正义的原则。因此，政府在对高等院校进行管理活动时会形成一定的问题，在这种情况下，建立教育中介往往更能够有效增强高等教育的效果。中介组织往往具备相对明确的运作方向，而且其专业水准与管理能力相对而言也比较高的，还能够有效弥补政府效能相对低下以及高校自治方面的局限问题，往往能够赢得社会各界的广泛好评。并且在某种意义上，中介组织的建立能够妥善化解高等院校与政府因目标利益的差异化而产生的冲突，在整个高等教育领域，以"中间人"的身份能够发挥自身应有的巨大作用。因此，我国高等教育拨款应借鉴国外相关的成功经验，在运作机制方面引入拨款（评估）的中介组织，有助于增强整个高等教育拨款

---

[1] 如在美国和加拿大，政府的失灵表现为中央和地方难以通力合作，进行有效的沟通，而中央所颁布的法规制度也无法获得地方政府的严格落实。

的透明度,进而克服高等院校追求成本最大化的行为,提高资金的利用效率及整个高等教育的质量。[1]

二、设立教育拨款咨询委员会有助于促成政府与高校之良性互动

政府与高等院校之间的良性互动关系,对于整个高等教育事业的科学发展具有至关重要的影响。由于高等教育拨款与高等院校的办学自主权之间具有紧密联系,因而这种关系也一直是影响政府与高等院校关系的重要因素。为了实现在高等院校争取学术及办学自主性与政府的介入及管理二者之间取得适当的平衡,针对高等教育经费这一较为敏感的管理区域,大多数发达国家都选择了一种类似于拨款中介的组织作为执行主体。因为拨款中介组织往往可以较好地了解各方的需要,并能够缓解各方的矛盾,将政府与高等院校之间的直接关系转变为间接关系。拨款中介组织一方面可以作为政府的助手,帮助政府把相应的责任赋予各高等院校;另一方面又可以作为高等院校的代言人,帮助学校向政府提出各种发展性要求。因此,拨款中介组织既确保了政府对高等院校拨款的有效利用,又保障了高等院校学术研究的自主权,同时还促使各高等院校能够恰

---

[1] 颜廷兰:"基于绩效管理理论的高等教育拨款模式改革研究",载《中国成人教育》2011年第24期。

如其分地履行自身的社会职责。

在我国建立高等教育拨款机构,有利于明确政府与学校的权责关系。教育拨款咨询委员会这一制度安排,可以成为政府与高等院校之间的缓冲器。在政府与高等院校之间建立符合我国国情的拨款咨询机构作为政府管理高等院校的"缓冲"部门,一方面,它能够以更加专业与客观的眼光去审视高等院校改革发展的现实需求,进而向政府反映高等院校对教育经费投入方面的合理诉求;另一方面,高等教育拨款咨询委员会也能够站在中立和公允的立场上深入理解政府的关切,并在其正确传达给高等院校的同时,也利用其自身专业优势针对高等院校提出相关的调整建议。高等教育拨款咨询委员会缓冲功能的充分发挥,将有效地优化政府和学校之间的关系。不仅使政府不再直接用行政等手段干预管理大学,使其能够尽快从组织建设上促进政府转变职能,由对高等院校的直接行政管理转变为以政策引导、经费调节为主的宏观调控管理,同时也促使高等院校改变依附于政府的附属地位,真正变成能够适应社会主义发展需要、面向社会的依法自主办学的实体。政府教育部门作为高等教育管理的行政主管部门,负责制定高等教育的相关政策,提出整个高等教育的发展目标,并通过制定相关标准、确定经费总额等手段,以引导和推动高等教育目标的实现;高等教育拨款咨询委员会作为非官方机构,对经费的使用实行技术性操作，逐步运用审查、评估、项目确定、制定经费分配方案等方法与手段以贯彻政府的政策和落实高等教育的目标；而高等院校作为相对独立的办学实体，围绕政府高等教育政策及目标进行经费的申请，可以自主确定相关的办学计划、专业设置及招生数量等，进而独立完成整个教育过程，成为贯彻政府高等教育政策、实现政府高等教育目标的基本单位。拨款中介组织的主要职责是处理对高等院校的拨款事宜，另外还拥有评估的职能。

三、设立高等教育拨款咨询委员会可以增强拨款之规范化与公平性

高等教育拨款通常分为常规性拨款和提高性拨款两类。无论是否采用设立拨款中介组织的模式，拨款工作都应该保证教学的常规行拨款与提高水平的专项性拨款分开拨付。针对国外的高等教育拨款经验进行的研究表明，高等教育的评估与拨款的主要结合点往往在提高水平的专项性拨款上。以英美两国为例，在针对教学经费（即经常性教育经费）的划拨方面，通过对能够影响拨款经费的各个因素赋予不同的权重，进而建立起一组完整的拨款公式来对拨款额予以确定；而对于高等院校的科研性经费与专项性经费则通常是运用合同拨款的方法和引入竞争机制，将科研评价结果作为科研质量和拨款的直接依据。

建立高等教育拨款机构，实行高等教育拨款基金制有利于科学分配高等教育经费。高等院校基金拨款委员会作为政府部门的延伸机构，与政府教育部门联系密切，明确政府教育政策及发展目标，能够正确地运用经费手段贯彻政府教育意图。同时，高等院校基金（拨款）委员会对所管辖的高等院校的教学质量、科研水平及执行政府高等教育政策等情况较为了解，向政府申请经费比较符合实际，根据评估结果确定对高等院校的经费分配，提高了经费使用的公开性、公平性。这种方式科学合理，能够为社会和高等院校所接受。

第二节　国外拨款制度之考察——他山之石

任何一项制度的建立绝不是无根之木、无源之水，都是在一定先前制度的基础上建立和完善起来的，高等教育拨款制度同样不是贸然确立而无所依据的。制度的建立与完善应该是制度传承与制度移植等不同途径综合而得之结果，制度传承更强调与本国之固有制度间的关联性，而制度移植则更倾向于对非本土相关制度之借鉴。高等教育拨款制度作为一项世界性的制度，其自身的发展与完善自然可以通过寻求他山之石以供借鉴。

一、美国

美国的拨款结构呈现出一种以州政府为主导的三级制安排，各州实质上掌握着教育的管理权。综观高等院校在全国各州的布局分配，美国绝大多数的公立高等院校是隶属于州政府的，只有少数的社区学院和技术学院是受地方管辖的。这种立体化的拨款结构，体现了其典型的分权制特点。[1]美国的教育管理权长期以来便是属于各州而不是联邦政府，而各个州的高等教育管理部门与其州政府之间的一体化程度也不尽相同，除此之外，私立高等院校在高等教育机构中也占有不小的比重，因此高等院校管理的分权化与多元化的特征是十分典型的。在分权的体制下，州政府对于高等院校的管理也并非实行全面控制，而是促使高等院校主要面对市场，直接参与到生源市场、科技市场以及劳动力市场的竞争之中。同时，各高等院校的董事会往往以校外人士为主，由其掌握对于高等院校的最终权利，以此避免了使高等院校的发展与社会发展的需求发生脱离的现象。

对于高等教育所进行的拨款活动，联邦政府的作用主要是具有宏观性的、间接性的和辅助性的作用，如主要包

---

[1] 陈齐："高等教育拨款咨询机构分析"，载《财会通讯》2015年第12期。

括制定保障实施的相关法律、通过联邦教育部所进行的检测评估、采用"资助包"方案的形式进行间接拨款以及参与拨款活动的协调引导及服务咨询等工作。联邦政府针对高等教育的拨款主要包括两个方面学生资助与研究资助。关于学生资助，联邦政府主要是采用直接向学生发放助学金及贷款的方式，或者直接向学校进行拨款再通过学校将拨款以奖学金、助学金的方式发放给学生来实现。关于研究资助，联邦政府向高等院校提供研究性的发展经费，资助研究性大学的科学研究与改革创新等活动，而大部分研究性经费的管理与使用等均由联邦政府多个相关的机构负责。

而州政府作为公立高等院校的直接"监护人"，其拥有高度的教育财政权与管理权，因此就高等教育拨款这方面州政府更具主导性。州政府能够更好地根据高等院校发展需求对高等教育资金予以分配，并针对经费资源的应用方向进行规划、协调及平衡，使整个拨款机制在保证效率的前提下更具有实际意义。实际情形是各州政府往往负责提供本州内公立大学40%~60%的运作经费，州政府的这些拨款是通过由专门相关人员组成的委员会予以进行的，而这些专门委员会在政府与高等教育界之间往往起到"沟通"与"缓冲器"的作用。然而各州之间的财政拨款模式又不完全相同，呈现出多元化的特点，但其共同点是都需要经过立法机构予以批准。除此之外，美国的宪法赋予了州政府以充分的教育自治权，各州均以地方因素作为参照进行教育权力的支配，而所采选的拨款方式通常具有"混合型"的特征。财政研究专家阿瑞安·齐德曼与道格拉斯·阿尔布雷特将拨款的方式划分为三类：协商式拨款、投入式拨款与产出式拨款。而美国的拨款方式覆盖了所有的这些类型，具体则表现为合同拨款、增量拨款、公式拨款和绩效拨款。[1]

总结美国整个高等教育拨款制度的特点，主要可以发现其所采取的是一种各负其责的分权模式，并且更加注重各州及高等院校在整个高等教育发展方面的自主性，使其直接面向市场、直面竞争，进而使其符合社会的发展需求。因此，"效率与质量并重"的特点在整个美国高等教育拨款制度中得以体现。值得注意的一点便是州政府在实施拨款时采取了一种专门委员会的"中介组织"形式。

在美国，教育部认可的具有全国性质的高等院校评估中介组织共有：8个全国性的院校认证委员会和近60个学科70余个专业评估机构以及6个地区性院校协会下属的8个院校认证委员会是独立的协会，此外，还有属于各州的

---

[1] 柯芳玮："发达国家高等教育拨款特色对我国的启示"，载《会计之友》2014年第28期。

高等教育拨款中介组织。[1]美国有三个主要的全国性评估机构：一是全国高等院校鉴定政策委员会（NPB）。该委员会是在克林顿政府时期成立的，其主要任务是针对高等教育所面临的主要问题进行研究评估，以期构思评估方法并提出解决方案。20世纪90年代初，克林顿政府颁布了一系列教育改革措施，成立NPB是为完善美国高等教育鉴定机构制度，进而强化美国政府在整个高等教育发展中的作用。二是高等院校鉴定认可委员会（CORPA）。CORPA是20世纪90年代初成立的一个非政府组织，其宗旨主要是促进以及改善美国高等教育的质量，任务则是针对各评估组织制定评审以及认可的相关准则、程序及方法。针对各评估组织进行评审与认可工作，为各评估组织提供相关的服务并帮助其改进工作。CORPA还设有负责日常性工作的认可委员会（COR），主要负责接收各评估组织递交的认可或继续认可的申请，在评审基础上作出决定，每年对获得认可的评估组织予以公布。三是专业鉴定协会（ASPA）。ASPA成立于1993年8月，它是一个非营利性的自治组织，主要职责是领导各专业评估组织，代表其利益并为其提供服务。ASPA可以制定针对评估组织进行评估的准则及程序，可以对全国的专业鉴定过程予以监督，并对各评估组织的评估

---

[1] 陈齐："高等教育拨款咨询机构分析"，载《财会通讯》2015年第12期。

工作予以检查，进而维护学生与大众的利益，以促进教育质量的提高。1996年，新的高等院校鉴定委员会（CHEA）接管了ASPA的工作。CHEA则是一家以评估中介组织的资格为主要任务的民间机构，其宗旨是通过对高等教育评估机构的资格认可以促进高等教育质量的提高，从而为学生、家长、政府以及赞助机构服务。无论是针对高校的评估组织还是针对评估组织的鉴定组织，都从一个侧面反映出高等教育的评估与鉴定机构在美国政府与大学之间不可或缺的作用。美国的高等教育评估与鉴定制度是一条重要的纽带，协调着大学与国家、受教育者以及投资机构之间的关系，高等教育评估制度更像是一只"无形的手"对大学的发展起到鞭策作用。

二、英国

为了保障高等教育经费分配及使用的合理与有效，在整个拨款体制中专门设立中介组织用以缓和政府与高等院校之间的冲突关系，方便双方的行为实现协调一致。自1919年英国财务部组建大学拨款委员会到1992年教育法案颁布，英国的高等教育拨款委员会才最终成立，并将整个英国的高等教育纳入一个统一的拨款体系。英国目前共有四个有关高等教育拨款的机构，它们分别是：英格兰高等教育拨款委员会、威尔士高等教育拨款委员会、苏格兰高等教育拨款委员会、北爱尔兰就业与学习部。在此期间，中介组织经过几次更迭，在成员结构、职权范围、拨款方式等方面逐步健全完善。以英格兰高等教育委员会为例，其规定的13名成员中，学术界人士有6名，工商企业界人士有4名，政府官员有3名，这种委员会的构成充分体现了在尊重政府意志的基础上，委员会则更加强调和重视高等教育界人士的经验判断和界外人士的指导监督。《继续和高等教育法案》详细地规定并扩展了新型委员会的相关权限，强化其评估与监督的责任，间接刺激高等院校进行改革，以引发良性的竞争行为，进而提升高等教育的品质，从投入与产出两个角度构建绩效拨款机制。[1]

英国高等教育拨款委员会其实质是一个执行性的"非政府部门公共机构"，主要治理结构包括外部治理与内部治理两个部分。根据2006年修订的《管理文件》中的规定，外部治理结构中所包含的职责分别是：国务大臣主要负责关于高等教育的政策框架、资金及学生人数的调查与制定。常务大臣主要负责拨款资金的规划与监督性工作。另外，还设立辅助小组，用于协调与配合各项工作得以顺利实施。内部的治理结构是以董事会为主，其成员往往包括政府的大臣、高等院校的校长以及企业的经理。单就其的组

---

[1] 柯芳玮："发达国家高等教育拨款特色对我国的启示"，载《会计之友》2014年第28期。

成人员而言，能够兼顾到各方的利益，为协调大学与政府之间以及与社会三者间的关系作了良性互动。就其具体的职能状况而言，则是更偏向于政府一方。具体到整个高等教育拨款委员会，其最重要的职能就是在法律规定以及政策框架下把政府拨款总额分配给各高等院校，通过拨款进而引导高等院校实施政府所制定的政策，以实现提高教学水平与科研质量的目标。

针对高等院校进行拨款的资金总体数目是由中央政府决定的，其资金分配所遵循的总体原则及分配比例也由政府（议会）提出，但资金如何分配到具体的学校则是拨款机构的独立性责任。拨款机构针对教学类与科研类拨款予以分别拨付。教学类拨款主要体现公平性的原则，而科研类拨款则是依据科研水平，通过竞争的方式有选择性的进行拨款，主要体现为对于效率原则的追求。总结英国拨款委员会的拨款模式基本上就是：以标准费用作为基础的教学性拨款和以科研水平作为标准的科研性拨款。教学类拨款的原则及方法是：按照所培养的学生的基础性成本与所培养的大学生的规模，并在参考原拨款基数的基础上予以确定。而以科研水平作为标准的科研类拨款的基本原则是：依据在科研方面的质量及水平进行有选择性的拨款。

综合分析，英国高等教育拨款体制的一大特色便是设有专门的高等教育拨款"中介组织"，这一中介组织的作用不仅仅限于承担了作为高等院校与政府之间"缓冲器"的角色，而且在确保实现拨款的公正性以及提高拨款的效率性方面均有重要作用，其主要特点可以归结为"缜密"与"严谨"四个字。

三、法国

关于法国的高等教育拨款问题，可以说法国的政府一直都是高等教育经费最主要的投入者，通常包括维持性经费与科研性经费两个大的方面。在1984年以前，法国的教育部除了针对各学校拨付科研性经费之外，还将按照每年一次的周期安排拨付维持性经费，维持性经费拨款的依据往往是各学校的性质、规模及其招生计划。预算的制定则通常是由各学校及其教育与科研单位自己负责。在1984年之后，法国的高等教育拨款则开始实行合同拨款制度，大学通过合同拨款的方式所获得的经费约占到整个国家教育拨款总数的1/3。政府通过合同拨款所分配的经费则主要用于教学、科研及基础设施维护等几个方面，对于学生所进行的资助金则不是通过大学予以发放，而是由政府负责直接拨付。

第一，国家针对公立的高等教育机构基本经费的确定方式。在法国，大部分公立的高等教育机构都是由政府按照统一的模式对人员编制和经费予以计算确定的。经费的

第三章 第三方参与主体之选择

计算基础往往是招生的人数，而所有的专业都分成不同的模块，采用权重的方法进行计算，权重值的确定则是由各专业的层次及类型决定的。经费的分配还有四个其他的标准，即额外需要的工作人员的时数、特殊类型的教育功能、高校的校舍面积及非教辅人员的工资。对于学生所支付的费用则需要从国家的经费中予以扣除。除此之外，私立的高等教育机构如若能够得到国家的承认，也可以获得公共经费的支持，只不过经费的数量确定以及使用目的究竟为何，则是在高等教育机构与国家所签订的合同中予以明确规定的。

第二，高等学校的研究性经费的确定。在法国，高等院校用于研究与发展活动的经费的获得主要来自政府、企业以及国外等三个渠道。其中，国家公共研究性经费的分配是以针对高等院校的周期性评估及对研究成果所进行的评估为基础的。采用合同拨款方式是其一贯做法，并且法国整个高等教育的科研专项拨款机制一直坚守"公平谈判、自主协商"的准则。政府与大学签订合同的周期为每4年一次，而对于合同的内容则是由双方进行协商的结果，具体的程序与步骤如下：①各大学提交未来4年内的科研性专项计划；②由政府统一派遣专家对其进行考察，并与学校的代表商定具体的合同事宜；③在整个合同执行期间，国家评估委员会将参与评估，并且其所做的评估报告将对新合同的拨款数额产生直接影响。合同的谈判主要由教育部的高等教育司予以指导并协同7个中心管理司进行。同时,为了提高工作的效率,政府将所有的高等院校按照地理划分为4个区域,每年只针对一个区域的情况进行研究,在同一地区往往执行统一的政策。整个法国高等教育界都对这种合同及评估制度予以普遍认可,这种合同性的契约关系改变了以前政府与高等院校之间比较僵硬的行政隶属关系,扩展了高等院校的自主发展性权利,并能够增强其责任意识。[1]

综合分析法国的高等教育拨款制度可知,其将主要的拨款类型直接划分为基本性经费与科研性经费两个大类。其中,基本性经费则是以权重的计算方法予以确定,而科研性经费则主要根据高等院校与政府之间所签订的合同予以确定。通过使用这种合同拨款的方式,不仅有助于高等院校责任意识的增强,而且有助于高等院校自主发展权利的扩展,更有助于整个高等教育质量的提高。

四、德国

德国高等教育机构最主要的收入来源是其基本经费部分,其次是额外的研究经费部分和行政管理经费部分。

---

[1] 柯芳玮:"发达国家高等教育拨款特色对我国的启示",载《会计之友》2014年第28期。

第一，高等院校的基本经费由州政府负责。德国高等教育的经费主要是依靠公共资金，高等教育机构必须遵守预算法与会计法的规定，这些法规的制定则是由各州自己负责，但各州之间却是基本相似的，并且各州对于每所大学所进行的拨款都需要列在年度预算中。除此之外，高等教育机构在对高等教育经费使用时需要遵守以下主要的规定：单项的项目预算（支出类别）需要在财政年度之前作出；预算经费不得进行跨项目使用；高等院校所获得的人员资金应根据人员的编制分配，并且该资金不得挪作他用；针对本年度的结余资金不可转到下一个财政年度等。

第二，高等学校的基本建设则由联邦与州政府共同负责。根据德国宪法的规定，联邦与州政府二者共同制定关于高等学校发展的整体性计划，然后由州政府具体负责组织实施。当整个高等教育的发展需要进行规模扩大时，涉及土地的购置、基本建设以及改造现有设施等，应该由联邦与州政府共同负责，但通常情况下只有在所需要的资金总数超过一定数额时，联邦政府才会有资金的投入。最近几年来，德国有部分的州政府对高等教育经费的预算拨款方式开始呈现出由项目预算向"一揽子"预算发展的趋势，而金额的确定上也开始向公式拨款的方法进行转变。而目前，德国的部分州已经开始实行"一揽子"预算的方式，只是把人员经费这项予以排除；而且部分州还许可高等教育机构进行资金的跨项目使用,部分州政府则在不同程度上已经实行公式化的拨款办法,部分州则开始运用合同或目标协议这种方法等,这些被视为以绩效为基础的预算方法的使用,充分显示了各州政府正趋向于在资金的内部分配方面赋予高等院校以更多的灵活性。

通过分析德国的高等教育拨款制度,其指导性价值与意义更多地体现在其发展趋势方面,尤其是对于经费的使用正实现从项目预算到"一揽子"预算的转变以及公式拨款与合同拨款方式等的运用及实施,这些都体现出高等院校在资金的内部分配及使用方面享有越来越大的自主性与灵活性。

五、日本

日本不同于其他的发达国家,在相当长的一段时期内,民间部门是提供教育服务的主体,国家则是以补贴的形式扶持私学的发展。近年来,日本高等教育的财政结构呈现出了多元化的特征,即出现:以国家的财政性投入为主体的国立学校之特别会计制度、以国家财政性补助为辅的私立学校之振兴补助制度,以及通过地方的自制体向公立高等院校予以支付补助金的制度。这些制度的存在显示出日本高等教育财政"主与辅"的双重作用,同时也表明了政府对不同设置主体充当着不同的角色。

第三章 第三方参与主体之选择

公立高等院校的经费应该主要由地方政府负责，国家则通过各地方自治体会计制度进而向公立高等院校支付一定数额的补助金，只是金额相对较少。私立院校的收入则是以学生所缴纳的学杂费为其主要来源，政府所支付的补助金对于私立院校财政收入仅起辅助性的作用。在针对高等院校学生资助的环节上，日本政府则采用"奖、贷一体化"的政策，财政资助是用以确保能够解决每个贫困学生的经济需求，同时也为高等院校中家庭比较贫困且品学兼优的学生提供无息或低息的助学贷款。日本政府将追求公平、摒弃官僚主义作为工作宗旨，单独设立公共法人团体负责管理贷款事宜，专门负责贷款事务的审核、立项、发放、回收及监督检查等工作，独立机构运作所需的全部经费则由政府出资。在助学贷款还清之前，受贷的学生每年都需要接受学校针对其学业及经济状况的跟踪性调查，发现不符合要求的情形将被终止资助。毕业之前，受贷学生需要签署还贷保证人、还贷连带保证人证明书、借贷收据以及自己编定的还贷计划书，其主要目的就在于加强信用监督，从而降低资金回笼的风险。[1]

很长一个时期以来，日本整个高等教育的财政分配有两种方式：一种是统一分配的方式，又称为定量分配，主

---

[1] 柯芳玮："发达国家高等教育拨款特色对我国的启示"，载《会计之友》2014年第28期。

要是根据师生比进行配置一定的教育经费，目的主要在于保障教育研究活动的正常及稳定地进行；一种是倾斜分配的方式，主要是根据其他的标准，通过业绩评估以进行差额配置，更加强调经费使用的效率性。近年来，充分引入市场机制成为日本高等教育财政制度改革的突出性特征，通过竞争的方式以达到公平、有效地配置高等教育资源。可以说整个日本高等教育拨款制度的核心思想便是"务实"。

六、综合评价

通过针对世界范围内几种主要的高等教育拨款机制的典型模式予以比较性分析，不难发现它们之间存在一些共同的特性：第一，在高等教育拨款过程中通常都会兼顾公平与效率两个最基本的原则。各个国家虽然在国情与财政体制方面存在差异，但各国在处理高等教育拨款体制及模式时却都始终围绕着教育公平与效率这两个基本原则，并努力寻求二者的最佳平衡点。第二，高等教育拨款中通常都对经费予以区分，分为一般经费（基本经费）与专项经费（项目经费）。一般拨款则通常主要是与学校的招生规模以及学科特点等指标的关系较为密切，而专项拨款则通常主要通过竞争的方式，以实现经费使用的最高效益。第三，往往会在政府与高等院校之间设立一个缓冲性的机构。许多发达国家均在大学与政府之间设立一个缓冲机构，依靠该缓冲机构来对一般性拨款与专项性拨款予以处理，如此设计既有利于保障高等院校的自由，又有利于国家对其予以施加影响，即国家（政府）在对高等院校积极实施影响的同时也注重对于其自主性发展的保障。第四，通常采取直接拨款方式与间接拨款方式并用的机制选择，也可能采取"中央+地方"两级拨款的模式，该模式的形成对于原来中央集权型高等教育办学的国家来说是一种分权趋势的加强，对于原来以地方办学为主的国家来讲则是对中央政府高等教育办学职能的加强。第五，强调公开竞争和绩效评估的理念，并注重法律手段的运用及保证。通过制定专门性的法律，对政府和高等院校之间的权限予以明确，有助于维护高等院校的自主性发展，更有利于拨款工作的规范性操作。

几个发达国家的高等教育拨款制度除了存在上述共性之外，自然也会存在明显差异，主要表现在：第一，拨款机构独立性方面的差异。主要可以分为两种情况：一种是拨款机构作为一种独立设置而存在，作为受政府领导的半官方性质的中介组织，如英国；而另一种则是只是附属于政府有关机构的各种缓冲器组织，高等教育的拨款虽然由该拨款机构予以负责，然而其主要起到的是咨询性的作用，包括法国、德国、美国和日本等。第二，拨款程序方面的差异。拨款形式往往有协商性拨款（高等院校与政府协商）、程序性拨款（公式拨款）以及评估性拨款（以评估为基础拨款）三种类型，有的国家单独使用某种方式，而有些国家则是几种拨款程序共用。第三，经费使用自主程度方面的差异。高等教育经费在各高等院校到位以后，有的规定高等院校可以统筹使用，有的规定高等院校则必须专款专用。

通过比较分析各国政府对高等教育拨款模式的主要特点，有利于我们在研究适应我国高等教育事业发展的政府经费拨款机制的过程中扬长避短，更科学、更公平、更合理促进中国高等教育事业的健康发展。经过比较分析可以得出，无论是对何种理念的强调（如强调公平竞争、绩效评估等），还是各种拨款模式的采用（如不管是直接还是间接，以及具体公式拨款、协商拨款等形式）；也不管是对效率与质量等目标的如何选择，还是对政府与高等院校关系的如何协调与突出。以上不管如何做出选择和安排，都难以脱离一个"中介组织"的存在，并且从法律的层面予以规制。

国外政府对高等教育评估中介组织的宏观调控管理，既保证了政府对其进行间接管理，又为高等教育评估中介组织提供了广阔的发展空间。同时，高等教育评估中介组织较为完善的自我管理系统也充分体现了自治的特点。二者共同保证了高等教育评估机构的健康发展，同时也为高等教育质量提供了保障。基于此，我国建立高等教育拨款咨询委员会制度，既能吸收和借鉴国外高等教育中介组织的优势，又能真正改变我国现有拨款制度所存在的问题：拨款体制、机制、模式使拨款缺乏信度、易生腐败，难以体现公平；高等院校发展自主性的保障问题；高等教育效率与质量统一促进的问题；不能准确反映高等教育发展规律的问题等。

第三节　高等教育拨款咨询委员会之定位

针对高等教育拨款咨询委员会的性质特征，相关的文件和会议中并未给出清晰和权威的界定，只是在学界存在三种比较有代表性的理论：缓冲器理论、中间机构理论和信息不平衡理论。

在国外对教育中介组织的表述中，美国著名教育学家伯顿·克拉克（Burton R. Clark）教授最早提出了缓冲器概念。缓冲器观念认为，教育中介实际上就是缓解政府宏观调控与高等院校自主治理过程中所产生的摩擦和冲突的工具。由这一桥梁所连接，高等院校能够和政府展开平和的协调，使二者的建议及意见能够趋于一致。当前，政府希望高等院校能够为经济发展提供源动力，而高等院校却希望沿袭传统的自主管理思想，顺应时代进步要求而产生的教育中介能够妥善缓解这一矛盾的激化。然而，大学的存在和发展不仅与政府发生关系，同时与其他许多组织机构有联系，因而将教育中介组织当作大学和政府之间的"缓冲器"还不够全面，实际上，其所调整和维系的是社会、政府、市场、高等院校以及学生等多方主体之间的关系。爱德加·弗瑞克曼就设计了一个图例，直观表现出了教育中介所处的社会位置，该理论的诞生使得教育中介所包含的内容变得更为广泛，使其界定范畴与作用变得更为清晰、准确。然而，该理论仅侧重于教育中介所反映的社会普遍性质，对于其教育意义并未给予重点关注。因为教育中介占据着非常特别的地位，相关人士对其考察和探讨的范围变得更为宽广。根据信息不对称原理的观点来看，高等院校与政府及社会所获取的信息资源存在着明显的不平衡现象：首先，无论是高等院校还是政府，双方手中都拥有对方无法清晰了解的资讯内容。对于高等院校来说，掌握着大量的教学、财务流转以及科研资料，而政府拥有的是教育方面的财政资金、发展决策以及相应的宏观调控信息，在此环境中，中介的存在使得双方能够更为有效地共享相关信息，提升高等院校教学活动的规范化和一致性。其次，高等院校和整个社会所把握的信息内容更加不平衡，在社会领域里，拥有学界、机构组织、各类法人团体以及学习人员，而高等院校有权进行生源招录、学业设计，并能够得到大量高科的技研究信息和成果。立足于经济学来分析，如果信息无法充分沟通，广泛共享，就会导致成本不断提高，并无法维持良好的品质。所以，打造出合理、高等院校的信息沟通机构是有效化解以上矛盾的主要方式，这也促成了教育中介的诞生和发展。

缓冲器观点侧重于政治学思想，中间机构观点更重视社会学的论断，信息不对称观点所产生的理论依据是经济学思想。三种理论虽侧重点不同，但却为高等教育拨款咨询委员会性质特征的研究提供了几个不可忽视的视角。第一，必须注意从政府、社会、高等院校、市场以及学生的相互关系视角对其予以认知；第二，必须对政府与高等院校之间的关系予以着重关注；[1]第三，必须对高等教育拨款咨询委员会在各种关系中的信息沟通与平衡作用予以关注。

一、委员会之角色定位

高等教育拨款委员会这一政府与高等院校之间的治理架构模式，是目前世界范围内最具代表性的典型模式之一，这种模式主要存在于英联邦国家与地区。

以英格兰的高等教育拨款委员会（HEFCE）为例，从

---

[1] 因为主要关注政府拨款这问题。

机构性质上来讲,根据1992年《继续教育和高等教育法》的规定,HEFCE是一个执行性(executive)的"非政府部门公共机构"(NDPB)。[1] HEFCE要在其主管部门即商业、创新与技能部(Business, Innovation and Skills, BIS)、国务大臣(Secretary of State)所设定的政策框架下进行运作,但它并不是作为一个部门直接隶属于商业、创新与技能部,并且HEFCE拥有清晰的法定权力免于受到直接的政治控制。实际上,HEFCE是一个政府与高等院校之间的中介组织。一方面,HEFCE通过高等教育拨款战略的实施将政府的政策向高等教育部门予以清晰地传达,以确保政策能够得以实施;另一方面,HEFCE通过与高等教育机构进行协商与沟通以及其他方面的联系,知悉高等教育部门的意见并将其向政府予以反馈,并就高等教育拨款与发展需求方面向国务大臣提供建议。HEFCE主要是负责向英格兰的高等院校分配教学和研究的公共资金,其目的就是旨在通过资金的分配,以促进高质量的高等教育与研究,并保持高等教育部门财政方面的健康。除此之外,拨款委员会还在确保高等教育的问责与促进高等教育机构的良好行为方面发挥十分重要的作用。

---

[1] 非政府部门公共机构(A non-departmental public body, NDPB)是这样一种组织:其在政府治理过程中发挥一定作用,但不是一个政府部门,也不是某一政府部门的单位。

基于上述情况和认识，我们将教育拨款咨询委员会的基本定位设定为：它是一个享有独立地位（就其不受任何方面干预而独立提供专业意见而言）的非官方机构，在政府财政、教育等方面宏观政策框架下运作，其宗旨是围绕高等教育财政经费分配、使用和管理等议题，向政府提供相关咨询意见，同时向高等院校提供相关建议，并参与高等院校办学质量控制与评价机制，促进高等教育财政经费投入绩效的提升。该组织在国家设定的指导方针下制定政策并向高等教育机构分配资金，其作为一个执行性的非政府部门公共机构，在政府与高等院校之间发挥中介作用。该组织要在法律规定和政策框架下进行运作，其最重要的职能就是将政府决定的拨款总额向高等院校进行分配，通过拨款来引导高等院校实施政府制定的高教政策，提高教学水平和科研质量。作为一个公共机构，其给予高等院校的拨款资金以及自身大部分运行经费都来自政府拨款，因此，其要对公共资金的合法、合规使用向政府、公众负责，加大对公共资金使用的问责，也应该是其一项很重要的内容。

二、委员会之功能定位

英格兰的 HEFCE 负责在 BIS 国务大臣设定的指导方针下向高等教育机构分配资金、制定政策。HEFCE 作为一个执行性的非政府部门公共机构，在政府与高等院校之间发挥中介作用。HEFCE要在法律规定和政策框架下进行运作，其最重要的职能就是将政府决定的拨款总额向高等院校进行分配，通过拨款来引导高等院校实施政府制定的高教政策，提高教学水平和科研质量。

作为一个公共机构，HEFCE给予高等院校的拨款资金以及自身大部分运行经费都来自政府拨款，因此，HEFCE要对公共资金的合法、合规使用向政府与公众负责，加大对公共资金使用的问责，是新的拨款模式下一个很重要的内容。我国高等教育拨款咨询委员会的主要服务对象是政府，其核心职能是利用专业优势为政府在高等院校中科学合理地分配教育经费投入提供咨询意见，以优化高等教育财政经费使用绩效，促进高等教育科学发展。同时，为更好地服务于政府推动高等教育科学发展的意图，委员会亦应向高等院校给予相关指导、建议和督促。

(一) 委员会之地位功能——二元中介

高等教育拨款咨询委员会不是政府的一个部门，而是承接政府对高等院校拨款的事业性中介机构，作为政府与高等院校之间的一个具有缓冲功能的机构，能够避免政府对高等院校所进行的直接干预的行为，使其由过去的直接行政干预转变为间接的政策指导。在业务上，高等教育拨款咨询委员会则接受政府的指导；在运作上，高等教育拨款咨询委员会则具有相对的独立性。一方面，可以说它是政府的助手，能够帮助政府将相应的责任赋予各高等院校；另一方面，可以说它又是高等院校的代言人，能够帮助各高等院校向政府提出发展要求。其职能是帮助政府制定高等院校的整体性财政计划，并帮助明确各高等院校使用经费所应承担的义务，恰当地运用其评估及拨款功能，并将拨款与评估的结果相挂钩，以确保经费使用的效益及效率等；同时，它本身也要接受来自政府部门和社会的监督。成立专门的高等教育拨款咨询委员会有利于政府职能的转变，有利于保证财政拨款公平性的实现，有利于促进高等院校办学自主发展权的落实，有利于促使政府对高等院校拨款透明性的提高，也促使高等院校能够充分地履行其社会职责。

　　我国设立的高等教育拨款咨询委员会，其功能之一便是与发达国家和地区的高等教育财政拨款体制中所设立的中介组织相似，发挥中介作用。高等教育拨款咨询委员会其主要职能虽然是在评估基础上的拨款功能，或者说高等教育拨款咨询委员会设立的首要目的便是为了完善政府向高等院校的拨款制度。但是其在顺利完成拨款功能之前，首先担任的是中介的功能，充当了高等院校和政府之间的"缓冲器"，在政府与高等院校之间发挥着纽带的作用。我国设立的高等教育拨款咨询委员会，从根本上改变了我国高等教育财政经费的分配体制，打破了政府垄断高等教育经费决策的作法，变"政府-高等院校"的二元运作结构为"政府-中介-高等院校"的三元运作体制。一方面连接着政府，帮助政府把相应的责任赋予高等学校；另一方面它又直接面对高等学校，帮助学校向政府提出要求。

担当中介角色的高等教育拨款咨询委员会在发挥中介作用时，其应深知在此期间维护大学的自治权的重要性。高等院校高质量的教学和科研很大程度上归功于相对较少的政府干预。因此，在我国政府拨款作为高等院校主要财政来源的情况下，真正运作好自身缓冲中介组织的权力，保护好高等院校自主发展是非常重要的。与此同时，高等教育拨款咨询委员会在政府财政拨款相对较少或无法完全公平的分配时，其还有一项任务便是舒缓高等学校的不满情绪，即如何较为公正地分配与高等院校实际需要存在差距的经费。因此，高等教育拨款咨询委员会在避免大学受到政府过多干扰的同时，同样也可能成为政府逃避责任的"替罪羊"，这一中介作用可谓是如履薄冰。正因此，高等教育拨款咨询委员会的权力及权限范围更应通过法律途径得以保障。

(二) 委员会之必要功能——教育评估

高等教育拨款咨询委员会对高等院校进行评估，是向各高等院校进行拨款的前提，即拨款之前必须对各高等院校的情况予以掌握。高等教育拨款咨询委员会对高等院校的办学水平、教育质量或社会声誉作出评估与鉴定，这也是其进行拨款的前提。首先，为政府教育决策提供相关依据。政府作为高等院校的拨款主体，其为适应社会发展进步、顺应高等院校发展需求进而作出相应的政策调整，则必须依赖于对高等院校运行状况、办学水平、教学质量、科研水平等方面有一个清晰的认识，而这种认知的获得便是通过高等教育拨款咨询委员会来实现的。高等教育拨款咨询委员会是介于政府和学校之间的中介组织，由有关专家组成，其职能是对高等院校进行综合评估和专项评估，就拨款而言，对学校资源利用效率和效益根据评价指标体系进行评估，将学校分成若干等级并公开化，作为拨款分配的依据，评估定期举行。其次，通过评估使高等院校和政府相互沟通。高等教育拨款咨询委员会对高等院校自身办学质量进行评估和诊断，高等院校能客观、全面地认识到自身的现实条件和办学情况，因而能激励自己增强质量意识和质量责任感，不断提高办学条件，改善办学过程，自觉维持和提高办学质量。在督促高等院校提高教育质量以实现政府目标的同时，评估中介组织也代表高等院校向政府反映它们的呼声和需求，为政府与高等院校之间的良好沟通搭建了一个畅通的平台。

（三）委员会之核心功能——财政拨款

高等教育拨款咨询委员会的设立之最主要目的便是实

现政府对高等院校进行合理的财政拨款。作为政府与高等院校之间的中介组织,高等教育拨款咨询委员会需要通过完成拨款工作,将政府的高等教育政策传达给高等院校,并通过拨款重点的变化而对高等院校的发展形成导向性作用。高等教育拨款咨询委员会拨款工作的完成不可能通过随意性的分配实现,而是需要通过大量的辅助性工作以程序化的方式实现。拨款功能的实现,首先要对高等院校进行拨款评估,而评估则需要设计完善的评估方法,如评估范围的确定、评估公式的制定、评估系数的分配等,以此进而确定不同高等院校的拨款级别。而拨款级别的确定只是拨款工作的前提。拨款工作的具体实施还需要高等教育拨款咨询委员会具备相应职能的工作部门,而这一部门的存在很显然不能直接等同于整个高等教育拨款咨询委员会的存在价值。这又进一步涉及整个高等教育拨款咨询委员会的机构设置问题,内部必然有相应的工作部门,并且是基于其不同职能便需要不同的工作部门及其人员。工作部门及其人员则是拨款工作进行的主体要素,主体要素的具备仍然无法完成整个拨款工作,还需要有完善的拨款程序的设计,因为程序是整个拨款工作规范化的重要保障。因此,拨款工作的进行必须需要具备评估工作的完成、拨款主体因素、程序因素等方面的工作。除此之外,因为拨款功能只是高等教育拨款咨询委员会的职能之一,因此,为协调其各种功能的发挥,必然还要有协调机制的存在,这也是保证整个拨款功能实现的重要组成部分。

(四)委员会之辅助功能——咨询与建议

高等教育拨款咨询委员会作为中介组织,其拨款功能的发挥是以其对高等院校进行评估为基础的。而在评估过程中,其通过采集大量的评估信息来对高等院校做出科学的评估鉴定,如此一来便掌握了有关高等院校的大量信息,同时对政府针对高等院校的政策资源也十分熟悉,因此,可以为二者之间实现更高效的信息交流提供了可能。也正基于此,高等教育拨款咨询委员会可以为政府与高等院校提供建议和咨询。高等教育拨款咨询委员会除了调查大学财政需要以及向政府提供大学拨款咨询外,还负责收集、检验和提供国内外与大学教育有关的信息;在和大学及其他机构协商的基础上,协助制订及执行为充分满足国家需要的大学发展计划。提出关于高等教育措施以及与这些措施有关的资源集中分配的建议。

它主要提供三类咨询服务:①为政府提供政策调查和决策咨询。在评估鉴定的实践过程中,高等教育拨款咨询委员会收集到丰富的关于高等院校教育质量发展的信息,如果对这些信息和数据进行综合整理并加以深入、细致分析,则可成为政府制定教育政策时的有效参考,为政府决策提供数据支持。②为高等院校提供教育发展战略方面的咨询。高等教育拨款咨询委员会可以建议高等院校致力于制定一个明确的方针，根据这个方针可以研究和决定今后若干年内学校发展的许多问题，这个方针要与学校的财力状况和前景相适应。高等教育拨款咨询委员会的建议虽然没有强制性，但是其导向性影响着政府的拨款，间接地影响着公众对大学的认可程度。并且其建议是建立在充分的调查基础之上的，较为客观地反映了大学生教育发展的实际情况。随着社会主义市场经济体制改革的深入，当前社会对于教育产业化的呼声日益高涨，高等院校之间的竞争也越来越激烈。高等院校如果要在激烈竞争的氛围中更好发展自身，就必须形成自己独特的办学特色。在这种情况下，高等院校可以寻求高等教育拨款咨询委员会的帮助，委托其对自身进行客观地评估，全面了解高等院校信息，促使自己能正确定位，制定适合的发展战略。高等教育拨款咨询委员会成为高等院校积极发展的专家智囊团，为学校的发展提供必要的咨询决策服务。③为社会提供信息咨询服务。对于家长及学生来说，他们可以通过高等教育拨款咨询委员会的信息来选择相应的高等院校；对于社会团体或机构来说，他们可以通过这些信息来选择投资高等教育的方向。

（五）委员会之保障功能——监督导向

高等教育拨款咨询委员会的重要功能之一就是监督导

向作用。美国的政治家麦迪逊指出："人不是天使，所以必须建立政府对其加以管理，也正是因为人不是天使，所以由人所组织的政府还必须受到制约。"[1]实践经验可以告诉我们，如果存在多种信息处理与报告方式可以选择，那么，政府作为委托人与作为其代理人的工作人员或部门之间在选择倾向上往往存在很大差异。政府理所当然地期望其代理人能够提供更加全面、准确及客观的各种相关信息，而其代理人则恰恰相反，大多选择可以将成果进行高估但信息量却相对较少的报告方式。政府为了尽量控制此种风险，委托高等教育拨款咨询委员会充当监督的角色，既可以大大缩短政府监督权的整个委托代理链，又可以解决高等院校上级政府官员所存在的监督动力不足的问题，极大地压缩了政府官员能够寻租的空间，也充分调动了高等院校的积极性，向政府和社会证实其自身的办学质量。因此，高等教育拨款咨询委员会通过对高等院校所进行的一系列评估活动，将重要的相关信息传递给关注高等院校教育质量的政府、高等院校及社会公众，对政府教育政策的制定、教育管理措施的实施及规范高等院校的各种办学行为，起到了良好的监督与导向的作用，有利于高等教育能够持续

---

[1] 唐士其:《国家与社会的关系——社会主义国家的理论与实践比较研究》，北京大学出版社1998年版，第265页。

健康的发展。[1]

(六) 委员会之层进功能——科学研究

高等教育拨款咨询委员会在开展科学研究方面也发挥着十分积极的作用。高等教育拨款咨询委员会作为专业性的评估机构，不仅仅是开展评估活动与拨款活动的纯事务性的实体，除了评估与拨款活动之外，它还可以在总结多年评估实践积累的基础上，对评估理论与评估方法的研究作出重大贡献，是开展高等教育质量评估等科学研究的重要研究阵地。在这种近水楼台的优势条件下，它能够从丰富的评估实践出发，进而探索适合我国本国国情的评估理论、评估标准以及各种具体的评估方式，又可以将其所取得的研究成果及时地运用到对高等院校进行教育评估的实践活动中去，从而能够不断提高整个评估的实际效果。待到评估活动结束之后，高等教育拨款咨询委员会还可将评估研究成果通过专著或者论文的方式，向社会予以公布并接受公众的监督，以听取和采纳公众的批评或者建议，进而不断地提高整个高等教育评估的质量。同样，高等教育拨款咨询委员会只有不断地进行科学研究活动，才能够保证评估的科学性，并不断提升其评估声望。

此外，高等教育拨款咨询委员会的科学研究功能，还

---

[1] 代霞："高等教育评估中介组织生存发展研究"，湖南师范大学2005年硕士学位论文。

分别体现在教育评估的文化及一些国际性的学术交流与合作之中。与官方机构相比,在参与有关教育评估的国际学术交流与合作方面,由于其所拥有的特殊的中介身份,高等教育拨款咨询委员会可以发挥不可替代的作用。如在推动国际上的高等教育质量评估机构之间的交流与合作方面,其理应充当重要的角色。

第四节 高等教育拨款咨询委员会组织构成、运行特点及原则

高等教育拨款咨询委员会作为一个组织,自然应该具备组织所应有之"身份"特点。作为一个拨款的中介组织,其首先应该具有完整的组织架构,既应当包括内部治理组织结构又应当包括外部治理组织结构,并且是明确分工各负其责。完备的组织架构只是组织的静态构成,只能表明其具有形式上的完整性,而一个组织真要"活起来"即静态构成变成动态存在,则各组织架构应通过相应的工作机制予以关联,以实现整个组织之动态运行。诚然,整个委员会的运行必须在坚守其自身特性要求的同时遵循一定的运行原则,如此才能保证高等教育拨款咨询委员会之有效运行。

一、委员会组织构成之安排

高等教育拨款咨询委员会是一个非政府组织,主要负责对全国的高等院校开展拨款评估工作,并在此基础上向政府提供拨款意见,帮助完成对高等院校的拨款工作。委员会是政府与各高等院校之间的主要沟通渠道。虽然委员会是一个非政府组织,但是其内部的教育部部长特派员却同时隶属于委员会与教育部,须同时向委员会与教育部负责。委员会对于高等教育经费划拨的种种建议,可以通过教育部部长特派员直接转达给教育部部长。

与此同时,由于各高等院校所获得的财政拨款主要来自公共税收,并且高等教育对整个社会、经济、政治及文化发展又十分重要,因此高等教育拨款咨询委员会须确保向高等院校所拨付的款项用得其所。高等教育拨款咨询委员会也可以凭借自身的专长与经验,向各高等院校提供相关发展及学术事宜的建议,并通过制度层面对高等院校的款项使用予以监督,促使各高等院校能够达至更高水平。

(一)委员会之外部治理结构

1. 教育部部长

确定高等教育的发展框架、资金及学生数目。结合高等教育发展框架与高等教育拨款咨询委员会的目标制定其本周期内的业绩框架,确定其业绩目标。并对高等教育拨款咨询委员会的活动及其业绩向全国人大负责。其责任主要应该包括：核定高等教育拨款咨询委员会运转所遵守的主要业绩目标、政策和业绩框架；随时向人大常委会报告高等教育拨款咨询委员会的业绩情况；批准支付给高等教育拨款咨询委员会的补助金、拨款和其他经费的额度，并确保能够在全国人大会议上通过；任命高等教育拨款咨询委员会的主要工作人员及任期和条件等。

2. 教育部部长特派员，同时隶属于教育部和高等教育拨款咨询委员会

特派员的职责是要确保：高等教育拨款咨询委员会的主要业绩目标是支持国家与教育部的宏观高等教育战略；对高等教育拨款咨询委员会进行适当的财务与其他管理控制，其主要目的是实现对高等教育拨款资金的保护，确保高等教育拨款咨询委员会得到有效监督；确保高等教育拨款咨询委员会所实施的内部控制是合法、合理的，并且能够达到良好的财务管理的要求；确保给予高等教育拨款咨询委员会的任何资金都不能超过其资源请求中所列出的范围和额度。

3. 辅助小组

辅助小组属于高等教育拨款咨询委员会的内部组成部分，其主要负责完成教育部部长与高等教育拨款咨询委员会之间的联系工作，负责向教育部部长提供相关建议，包

括高等教育拨款咨询委员会是如何按照国家与教育部的宏观战略目标及发展重点确定适当的绩效框架与合理预算的，以及高等教育拨款咨询委员会的战略目标是否实现和业绩如何，是否真正实现了高等教育拨款的资金价值。除此之外，辅助小组还要协助教育部部长特派员及时充分地了解高等教育拨款咨询委员会的业绩状况和风险管理信息，有助于教育部部长特派员实现对其活动进行定期风险评估以及监督，帮助及时发现和处理高等教育拨款咨询委员会内部的财务问题；及时通知高等教育拨款咨询委员会政府所坐的临时性政策调整，以便采取适当措施。

(二) 委员会之内部治理结构

1. 主席

高等教育拨款咨询委员会主席对教育部部长负责，是董事会与教育部部长之间沟通的桥梁。主席要保证高等教育拨款咨询委员会所有的政策和活动是符合教育部的宏观发展战略的，保证高等教育拨款咨询委员会的运作能够真正实现高等教育拨款资金的价值。除此之外，主席还要确保董事会能够制定出一套切实可行的战略目标和方案；确保董事会决策时遵循教育部所设定的指导原则；协调并促进拨款资金和其他资源实现有效利用；将董事会的评估结果与拨款决定公之于众，同时遵守高等教育拨款咨询委员会的治理规定，并提升自身及鼓励董事会成员高标准的道德操守。董事会主席代表董事会负责整个高等教育拨款咨询委员会的人事、财务及行政等事宜。负责保护委员会所管理的公共资金，确保这些资金得到合法合规使用，负责委员会的日常运作与管理。

2. 董事会

董事会应确保高等教育拨款咨询委员会完成战略规划预设的目标，以促进其有效地利用相关资源。

在教育部部长确定的发展政策与资源框架内，确定高等教育拨款咨询委员会的整体战略方向，并据此确定每个周期内的主要业绩指标；确保教育部部长及时了解可能影响到高等教育拨款咨询委员会战略方向以及指标可实现性的任何突发情形，并且制定处理突发情形的必要措施；确保拨款资金的使用符合法律的规定；确保董事会的法定权力与教育部部长所批准的权力范围相一致，并且遵循与拨款资金使用相关的原则制度。董事会须定期检查高等教育拨款咨询委员会运作的财务信息，及时知悉高等教育拨款咨询委员会的各类相关问题，并向教育部部长提供已对此采取适当措施的保证。董事会应始终保持高标准的组织管理，包括聘用专业的审计人员帮助董事会处理高等教育拨款咨询委员会所面临的重大财务和其他风险；征得教育部部长同意后，设立评估与拨款两个局，并在咨询教育部部长之后，设定相关人员的业绩目标及于此目标相关的报酬规定。针对董事会的组成，高等教育拨款咨询委员会的董事会成员规模不宜过大，应充分考虑各相关利益群体的参与，并且应包括一定比例的非教育界人士与国外人士。董事会成员应为具有较大成就和社会影响力的品行高尚、热心教育人士。

3. 评估局

评估局是高等教育拨款咨询委员会辖下的一个主要负责针对高等院校评估事宜的咨询办事机构。高等教育拨款咨询委员会向高等院校拨款的依据便是评估局所提供的评估结果。评估局的主要工作是制定评估标准以及根据预先制定的评估标准对高等院校开展评估工作，而这两项工作都是至关重要的事宜。仅仅是评估标准的制定便需要注意对学校的常规性需求与发展性需求采取不同的评估公式予以分别评估；要注意从高等院校类型及办学层次等角度，对高等院校予以科学分类；要注意学科之间的差别；要注意定量与定性相结合等问题。而评估工作的实际开展更是要注意评估专家组组成的客观性问题；评估对象被评学科的整体性问题；评估对象规模的限制性问题以及评估有效期的时限性问题。可以说，评估局的工作是整个高等教育拨款工作的前提。除此之外，评估局还可以将在评估中所发现的问题向高等教育拨款咨询委员会予以反馈，如某个时间段内高等院校在教学与科研方面的需要，并将各种需要划定优先范围，建议高等教育拨款咨询委员会对此类需要予以优先关注，进而更能实现拨款之针对性和适当性，从而为构建一个足以维持高等教育蓬勃发展和合乎我国现代化建设需求的高等教育提供方向性支持。此外，评估局会定期向高等教育拨款咨询委员会汇报工作，并负责监督拨款局能真正按照自己所提供的评估结果来予以拨付款项。

4. 拨款局

拨款局是高等教育拨款咨询委员会辖下一个半独立的主要负责针对高等院校进行拨款具体事宜的办事机构。拨款局向高等院校拨付款项的工作是整个高等教育拨款工作中的核心部分，拨款局根据评估局所提供的评估结果，结合拨款局所制定的拨款公式，计算出各高等院校所能获得的财政拨款总数，进而制定详细的拨款计划以指导具体的拨款工作。拨款局所需要制定的拨款公式是一项非常繁重且重要的任务。拨款局需要针对不同的拨款类型如常规性拨款与专项性拨款等而制定不同的拨款公式，并且在制定不同拨款公式时，还需要注意究竟更适合采用投入型拨款机制中的拨款模式，还是更适合采用产出型拨款机制中的拨款模式。拨款公式确定是整个拨款工作实际运行的开始。拨款局除了将高等教育财政款项按照规定予以拨付之外，还负责对高等院校款项使用的监督，并可以将监督中所发现的问题定期向高等教育拨款咨询委员会汇报，同时与评估局适时进行沟通，以便评估局评估工作的开展与完善。

5. 秘书处及常设小组

秘书处是高等教育拨款咨询委员会及其下属的各局、各小组的志愿性与协调性机构。高等教育拨款咨询委员会对内对外事务的日常安排工作主要由秘书处来负责，对内对外发布公报等需要由秘书处进行草拟与审核。同时，秘书处还负责评估局、拨款局以及各小组之间工作关系的协调，保证各机构之间的关系融洽进而促进各项工作能够顺利进行。

高等教育拨款咨询委员会内部的各小组分工明确，针对我国高等教育的不同方面向高等教育拨款咨询委员会提出建议或协助开展工作。一般事务管理小组负责委员会内部的信息管理及数据统计工作，并就这两项工作提出完善性建议；策略小组主要向高等教育拨款咨询委员会提供我国高等教育发展的策略性意见，进而有助于政府高等教育发展战略的制定；研究小组主要负责总结研究以往拨款工作的得失以及借鉴研究其他国家或地区的拨款工作的优势，进而提供更加合理有效使用拨款的建议；宣传小组负责高等教育拨款咨询委员会对外宣传工作并提供完善建议，以促进高等教育拨款咨询委员会与公众实现沟通，使公众更加了解委员会的地位及日常性工作，进而树立委员会的公众权威；财务小组主要负责高等教育拨款咨询委员会内部的日常财务工作，并负责支持国家审计部门对委员会的审计工作。

二、委员会机构运行之原则

(一) 遵循公开原则，注重实现公平公正

高等教育拨款咨询委员会存在的首要价值应该就是满足我国高等教育拨款制度的需要，即首要功能应该就是完成拨款的任务，并且是公平公正地完成拨款任务。而要想实现拨款的公平与公正，首先要保证评估的公平与公正，而公平与公正的前提便是所有的评估与拨款的政策、程序、公式等对所有的高等院校是公开的，即可以通过合理渠道获得的。如此便保证了高等院校对于所获得的拨款具有可预期性。公开性原则表现在评估方法与拨款方法要实现明确化、公式化、规范化，整个评估过程与拨款过程中要有章可循、有法可依，即拨款过程的进行要实施程序化，各高等院校拨款额的确定要实行公式化，一切评估与拨款活动都有明确的法律依据，以此才可以防止"权力寻租"与滋生腐败，如此也才可保证拨款的公平与公正。

学者本森（Benson）曾经说过："评判教育财政制度的标准有三：即教育机构的资源供给是否有效；教育机构的资源供给是否充足；教育资源的分配是否公正。"[1]通常意

---

[1] Benson C. ,"The Economics of Public Education 1978（3rd edition）", *The Encyclopedia of Education*, Research and Study, 1985（4）：1878.

义上而言,教育资源分配公正才能保证教育实现公平。而教育公平则是指承认每个公民都享有受教育权,并且使每个有能力(潜力)的公民都有接受高等教育的机会,绝不可以因贫穷等理由而被剥夺这种机会和权利。基于此,各地的教育投入也应当大体持平,以保证人人都有机会接受同等的教育。然而由于各地在经济发展水平方面存在着较大差异,所以各地在教育经费的投入方面难免会有差别,现在所能实现的公平只是尽量保证每个公民能接受水平基本相同的教育层次。要想实现绝对的教育公平只能是政府能够提供足够充盈的高等教育经费,才能真真正正地维护社会成员之间公平地接受教育,保证教育质量、教育效率不断提高,促进教育事业不断发展。然而,从财政拨款这一角度来讲,公平往往包括下面两层含义:一层含义是指高等教育拨款资金的分配应该是与各个地方的教育需求因素正相关,而与财政能力是负相关的;另一层含义则是指影响拨款所选取的客观因素应该在各地是一致的,公式是统一的,并且拨款因素的测算、公式的设计、标准的核定以及拨款的各个环节都要坚持公开与透明,以防人为因素干扰。

高等教育拨款咨询委员会作为中介组织主要依据职责对高等院校开展评估活动,它存在的前提是良好的社会声誉,而声誉又建立在公正的基础上。因此,高等教育拨款

第三章　第三方参与主体之选择

咨询委员会要想获得社会的广泛认可，使自身能得以持续性发展，就必须坚持评估的公开性和公平性。只有这样，才能够避免出现权利与风险不相对应，继而可能引发"廉价投票"问题。高等教育拨款咨询委员会作为中介组织必须意识到，它是为政府与高等院校提供中介服务的服务者，它必须对自身向社会公众所发布的评估信息的客观公正性，以及对其评估活动中所做出的评估结果要负责，要受到利益各方的严格监督。如果其所开展的评估活动存在偏颇，则可能会受到社会公众的质疑与不信任。它只有做到"不偏不倚"，站在政府、高等院校与社会三者之间，保持足够的中立性才能够真正保持自己的独立生存权。而一旦"明显倾向于这一方或那一方"，那么就将面临存在的合法性危机。[1]显然，公正性是高等教育拨款咨询委员会的社会价值之所在，也是其生命力源泉之所在。

　　高等教育拨款咨询委员会运行的公正性需从两方面入手，一是评估过程中参与人员具有广泛性。评估主体除了具备评估专业人员之外，还应该吸纳政府、高等院校及社会力量等方面的人员，以保证更广泛的价值主体得以参与到评估过程中，而人员参与范围之广为保障评估活动的公正性奠定了基础；另外也能够起到对各方利益主体关系的

----

　　[1]　[荷] 弗兰斯·F. 范富格特主编：《国际高等教育政策比较研究》，王承绪等译，浙江教育出版社 2001 年版，第 12 页。

调节作用。二是整个评估过程的客观性。高等教育拨款咨询委员会必须以恪守公正为前提，依据实际情况针对高等院校的教育质量作出客观及真实的判断。

(二) 注重效率与实效性

高等教育拨款咨询委员会工作的实效性原则主要是针对评估工作的实际效果而言的，是指受评估者（即各高等院校）需要以一种严肃认真的态度积极地对待高等教育拨款咨询委员会所进行的评估活动，从而实现并达到良好的评估效果。这种所谓良好的评估效果要求评估活动对高等院校来讲是一种有价值、有收益并且对自身发展有帮助的，此外还要求该评估活动对于以后改进及完善日常性工作有现实的明显的效果，能够促使高等院校改进其工作，并能为其他的高等院校树立良好的榜样，以切实提高其工作效果。与此同时，良好的评估效果还能够帮助高等教育拨款咨询委员会树立威信、赢得信誉。反之，没有实效的评估活动还会造成负面影响。在高等教育评估活动中，比较常见的负面例子有，评估者采取一种敷衍的态度，评估活动变成了走形式与例行公事，而被评估者则通过隐瞒数据、弄虚作假、贿赂欺骗等手段蒙混过关。如果评估活动处于如此境况，则既不利于被评估者工作的改进，又对评估者的形象与威信予以破坏,从而造成恶劣的影响。[1]

实效性原则的表现之一就在于拨款数额具有一定的弹性及灵活性。在遵循拨款公式化与规范化的前提下,拨款数额应根据不断发展变化的经济形势及环境做出相应的调整,以使拨款公式中的不合理部分得以修正,不断地完善拨款办法。可以每年或者定期对公式中的某些参数及权重予以修订,以便使之更加符合高等院校发展需求的实际。若情况有比较大的变化,或对拨款的目标有较大的变动,就需要对公式中的相关指标予以改变,使拨款公式更加符合实际需要,从而增强政府在宏观上进行调控的弹性与力度。

(三) 客观性原则

高等教育拨款咨询委员会运行的客观性原则是指,其在实施评估的整个活动中,应该以一种平等的身份与高等院校来共同探讨在高等教育质量评估中的得与失。在整个过程中,高等院校应该将高等教育拨款咨询委员会作为朋友来接受其所进行的评估,并且在评估结束后采纳评估者所给出的意见或建议。在整个评估过程中,如果高等教育拨款咨询委员会持一种居高临下的态度,高等院校便会采取一种不合作的方式并与之疏远,从而可能造成其所提供

---

[1] 鲁丽莎:"完善高等教育评估体系的研究",厦门大学2006年硕士学位论文。

的相关信息和数据在评估活动中出现不完整及不准确的情形。高等教育拨款咨询委员会对高等教育活动无法准确进行评估与反馈，则会影响到整个评估的目的，即难以实现改进和提高高等教育质量的目标。另外，对于评估活动是否具有信度和效度，其影响性因素既涉及在评估中所运用的技术是否合理的问题，又涉及在评估过程中所关联到的相关利益参与者之心理因素的问题。在高等教育拨款咨询委员会评估过程中，高等院校对其的接受程度会直接影响到整个评估结果的效用。因此，如果高等教育拨款咨询委员会站在帮助改进高等院校之教育质量的立场上，能与高等院校以平等的态度相处并进行评估活动，那么高等院校就能更有意愿去接受评估。从这个意义上讲，高等教育拨款咨询委员会的客观性原则，要求其在掌握比较客观、真实、全面的信息的基础上，对高等院校的教育质量予以做出客观、公正的价值判断。

　　高等教育拨款咨询委员会运行的客观性原则，还要求其在评估的过程中对感情因素的影响必须予以克服，以避免评估活动在主观上的随意性。不可否认，评估工作从本质上来讲就是一种价值判断活动，涉及价值判断自然就有很强的主观性。基于高等教育拨款咨询委员会所采用的评估标准与评估的指导思想会有所不同，除此之外高等教育拨款咨询委员会在评估过程中又会不可避免地受到其他某些主观因素的影响，尤其是涉及其与相关高等院校之间的感情因素，种种因素综合起来都很容易导致整个评估工作可能偏离客观性的评估原则。[1]因此，在实际的评估工作进行过程中，必须坚持高等教育拨款咨询委员会的客观性原则，才能真正按照既定的评估标准以对被评估院校进行较为客观的价值判定。从另一方面来讲，也只有在对被评估院校进行了客观的价值判断的前提之下，高等教育拨款咨询委员会应起到的激励作用才可能更充分地激发出来，进而使被评估院校从主观上愿意接受高等教育拨款咨询委员会的评估结论，进而针对评估中提出的意见进行有针对性的整改。如果违背了客观性原则的要求，就会在很大程度上影响到被评估院校的积极性，甚至是损害评估双方在心理上的平衡，极容易产生不利于双方发展的消极性后果。

（四）可行性原则

高等教育拨款咨询委员会运行的可行性原则，主要是指具体采用的教育评估方案以及实际进行评估活动必须具备实施的可能性，可以在评估的实践中得以具体操作，如在整个评估的过程中必须具备一些人、财、物等方面的因素。一个设计得比较完美的方案，如果缺乏必要性条件的支持，恐怕也只能停留在想象阶段却根本无法得以实施，

---

[1] 李敏明："关于完善我国高等教育评估体系的研究"，苏州大学2008年硕士学位论文。

也就是说根本不具备可行性。从所开展的评估具体活动层面而言，可行性原则会涉及整个评估过程中的信息资料的收集性工作。评估工作必须考虑到可利用信息以及资料的资源性条件，否则，如果评估活动得不到相应评估信息的有力支撑，恐怕也只能落空。[1]可行性原则的贯彻同时还涉及评估方法的选用，要求其在选用时必须考虑到易行性与可操作性。例如，如果在评估活动的初期，初步拟定要运用某种方法来测量被评估对象的某些指标是否达到效果，但鉴于在实际过程中运用此种方法可能过于繁杂，并且要求具备的各种条件又比较多，那么在此种情况下往往就只能改用其他的方法。

三、委员会机构运行之特点

（一）专业性

高等教育拨款咨询委员会的服务对象说到底应该就是高等教育，而高等教育又是一种极具专业性的工作，而高等教育的专业性又决定了高等教育拨款咨询委员会本身工作特点的专业性。高等教育是一项极为复杂的专业活动，因此对其进行评估需要很强的专业性，同时也面临着很大的困难。在对高等院校进行评估的过程中，高等教育拨款

---

〔1〕 宋倩："高等学校应用性本科专业教育评估体系的研究"，合肥工业大学2009年硕士学位论文。

咨询委员会专业化的程度将决定其是否能够有效介入高等教育活动，完成其对政府和高等院校的咨询建议任务，进而顺利完成政府对高等院校予以拨款的任务，以及能否扮演好这个"缓冲器"的中介角色。高等教育拨款咨询委员会的专业性主要体现在活动的专业性以及人员的专业性上。

第一，活动的专业性。针对高等院校的评估在本质上是复杂的价值判断过程，也是高度专业化的一种活动，因而必须有职业化的专业评估中介组织来实施。在此过程中，高等教育拨款咨询委员会接受政府委托以对高等院校开展评估中介服务为己任。与此不同的是，尽管政府教育主管部门与高等院校从加强管理以及提高质量的目的出发，也可能会从各自的立场分别组织专家进行多种类型与形式的评估活动，但是此种类型的评估工作并不是二者的主要任务，只不过是其工作内容中一个很小的部分。基于这些因素的考虑，政府与高等院校所进行的一些评估活动，因其二者自身地位或利益关系上存在差异性，而导致在整个评估过程的科学性方面以及评估结果的客观性方面，都有可能受到不同程度的约束及局限，因此很难保证他们在评估立场上的中立及评估效果上的发挥。而与前面二者的评估相比，高等教育拨款咨询委员会的评估有其独特优势，它是专业的职业评估中介组织，其主要任务就是为公平公正地完成政府针对高等院校的拨款事宜而从事评估实践和研究，因此它不论是在高等教育评估理论的实际运用或是在评估的专业化、规范化及程序化上，都有无可比拟的优点，要比政府评估及高等院校内部评估更专业。

第二，评估人员的专业性。由于高等教育拨款咨询委员会是为特定工作而专门设立的专业化的评估机构。因此，它对自身机构中的成员的基本素质、专业能力及知识结构方面都具有非常高的要求。其组织机构中成员所具备的知识素养及专业能力不仅需要达到专家的要求，更重要的是他们必须能够娴熟地掌握高等教育的规律，能够将高等教育相关的评估理论、技术与方法等恰当地运用到评估活动的实际中去。评估主体的专业性在整个评估活动中是如此重要，以至于有的学者指出，"评价主体的知识背景在整个评价过程中是如此之重要，因此在许多场合或情势中，我们常常会因为知识方面的贫乏，而感到对评价客体的意义表现的无能为力"。[1]由此可见，在科技水平日益发展，社会进步日益提速的时代背景下，高等教育拨款咨询委员会如果在专业性方面缺失，那么其针对评估对象进行科学评价的能力则会受到质疑。如果资质方面不合格的评估主体承担针对高等院校所开展的评估活动，便很难确保评估结果的科学性。因此，作为高等教育拨款咨询委员会中的评估人员则必须是在评估理论方面与实践方面均具权威性与

---

[1] 冯平：《评价论》，东方出版社1995年版，第58页。

专业性的评估专家。只有确保评估人员的专业化，才能真真正正地发挥评估工作的实效性。

（二）独立性

高等教育拨款咨询委员会必须具有"不偏不倚"的特性，这也是其改变"政府—高等院校"二元拨款结构、保证高等教育拨款公平公正、体现其存在价值的重要特点。当然，高等教育拨款咨询委员会的独立性是以政府和社会的价值尺度和需要为前提的。在这一标准确定之后，它在具体的实施评估活动中必须独立行使评估行为，以向政府提供关于高等院校的真实化信息进而提出高等教育拨款建议为主要服务内容。同时也为了证明其自身存在价值，树立本机构的公信力，服务好整个高等教育事业，高等教育拨款咨询委员会必须站在中立的第三方立场做出其独立的评估判断。

高等教育拨款咨询委员会的独立性还体现在组织形式上，它既不能依附于行政部门，又不能依赖于高等院校。一方面，高等教育拨款咨询委员会不能沦为政府的附属机构。否则，政府的一些评估目标甚至是某个政府官员的目标都有可能变成高等教育拨款咨询委员会的目标，极大地影响其自身运行的客观性和公正性。在政府缩减教育经费投入的情况下，如果高等教育拨款咨询委员会和政府达成一致，形成不利于高等院校的评估报告，则会挫伤高等院校办学积极性。另一方面，高等教育拨款咨询委员会不能依赖于高等院校。否则，高等院校或其成员的目标就变成了高等教育拨款咨询委员会的目标，为高等院校实现办学成本的最大化提供了便利，也会影响到评估结果的公正性。因此，高等教育拨款咨询委员会作为介于政府、高等院校与社会之间的独立性机构，必须保持其中立性，它虽然接受政府的支持和资助，但不应该依赖于政府，必须独立发展，并能够彻底摆脱"二政府"之嫌疑。

最后，高等教育拨款咨询委员会在经济上也必须是独立的。它虽然不太可能像一般的企业一样自主经营，依据市场规律去发展自身。但至少应该保证高等教育拨款咨询委员会运转资金的充足及稳定性，否则难以保证其对高等院校所进行的评估之权威性，更无法保证其所进行的拨款之公正性。因此，无论对于高等教育拨款咨询委员会如何定位，将其定位为政府之组成部分或是独立的非政府组织，其运转资金首先应予以保证。因为，高等教育拨款咨询委员会必须能独立使用人力、物力与财力等各种资源，按其所产生的宗旨及价值定位对各种资源进行合理支配，既不能受制于政府而成为政府的附庸，也不能受到高等院校的约束而难以公平公正地履行自己的职责。高等教育拨款咨询委员会如果丧失了其独立性，就必然会失去评估的公正性和权威性，从而失去本身存在的价值。

（三）协调性

高等教育拨款咨询委员会产生的目的便暗含着对高等教育拨款双方政府（拨款方）与高等院校（受款方）关系进行协调之意。正因为这样，才有人将高等教育拨款咨询委员会称为"缓冲器"，在讨论其存在价值与必要性时，很多学者往往会从政府与高等院校的关系来描述。正是因为政府的高等教育拨款的款项与高等院校发展的实际需求之间存在差距，或者政府的拨付行为与高等院校发展的实际需求之间存在公平性错位，才需要高等教育拨款咨询委员会的建立以协调这种差距与错位。实际上，高等教育拨款咨询委员会的存在除了协调这二者之间的关系之外，还有一个重要主体就是社会，它还需要对其予以重视和协调。纵观世界各国有关第三方评估的发展历史，第三方评估的产生总是在政府与高等院校之间控制与反控制、社会与高等院校之间提出需求与满足需求之间的矛盾中产生。特别在集权制的国家里，政府对高等院校的控制和干预较多，因此与重视学术自由的高等院校之间的矛盾突出，在这种情况下，由于高等教育拨款咨询委员会具有中立性的协调特点而得到双方的接受，使二者之间的高等教育拨款关系得以改善。另外，高等教育拨款咨询委员会还应起到协调社会与高等院校关系的作用。高等教育拨款是否合理与公平必然影响到高等教育的质量问题，而高等教育的质量必须需要得到社会的认可，才能真正算得上是根据社会的需求来培养人才。[1]因此，在高等院校与社会关系日益密切的今天，高等教育拨款咨询委员会也成为既为社会向高等院校提出要求，也为高等院校向社会解释质量状况的一种协调性组织。

四、委员会之内外运行机制

高等教育拨款咨询委员会作为政府与高等院校之间的中介机构，其服务对象便是政府与高等院校。政府根据整个国民经济发展水平及高等教育发展需求等因素确定高等教育拨款总额的预算，经过全国人民代表大会表决通过方可实施，高等教育拨款咨询委员会则负责针对高等院校的具体拨款工作。高等教育拨款咨询委员会经过评估分析可以确定经费分配时应当坚持的基本原则以及具体的分配比例，高等教育拨款咨询委员会的具体职责就是将高等教育拨款具体地分配到每一所高等院校。对高等院校所进行的拨款主要可以分为两大类，一类是常规性拨款，另一类则是发展性拨款。对于两类不同性质的拨款，高等教育拨款咨询委员会无论是在原则还是在方法上都要有所区别，常规性拨款一定要将公平性原则放在首位，其拨款的基础在

---

[1] 陈能浩："社会转型时期高等教育评估中介机构的培育"，华南师范大学2004年硕士学位论文。

于标准费用,通常以学生规模以及所需要的基础成本为影响因素来确定拨款基数。而发展性拨款所坚持的主要原则是竞争性原则,其参考标准往往是各高等院校的科研等方面的水平,更注重拨款的差异性。就其实质而言,高等教育拨款咨询委员会一方面像是政府的一个委托代理机构,将政府宏观的教育政策、理念、导向等通过拨款的方式传达给各高等院校,以形成对高等院校的导向性指引。另一方面,又像是高等院校的一个代理人,将高等院校的实际需求通过建议的方式反映给政府,进而对政府政策的制定形成反作用。而这种双面代理的状况更加证明了高等教育拨款咨询委员会中介机构的性质和地位。

(一) 外部运行机制

高等教育拨款咨询委员会的一个最重要的目标便是促进各高等院校有一个相对健康的财政状况,进而尽量避免各高等院校出现难以弥补的财政赤字。对此,高等教育拨款咨询委员会的外部运作机制是由其自身与政府、高等院校三个主体组成,三者之间形成明确的分工。高等教育拨款咨询委员会对政府高等教育拨款资金进行分配,并制定与政府目标相吻合的战略目标,而高等院校则主要是在政府与高等教育拨款咨询委员会所构成的工作体系当中进行合理的运作。

政府制定政策,并通过作为政府代表的教育部部长向高等教育拨款咨询委员会传达。同时，教育部部长确定高等教育的发展框架、资金及学生数目。结合高等教育发展框架与高等教育拨款咨询委员会的目标制定其本周期内的业绩框架，确定其业绩目标。并对高等教育拨款咨询委员会的活动及其业绩向全国人大负责。除此之外，教育部部长还要核定高等教育拨款咨询委员会运转所遵守的主要业绩目标、政策和业绩框架；随时向人大常委会报告高等教育拨款咨询委员会的业绩情况；批准支付给高等教育拨款咨询委员会的补助金、拨款和其他经费的额度，并确保能够在全国人大会议上通过。

高等教育拨款咨询委员会与高等院校之间，则主要是依据自己所预先制定的评估标准与拨款标准针对高等院校展开工作，拨款工作完全根据其所评估的结果所进行。拨款工作完成之后并不意味着高等教育拨款咨询委员会与高等院校之间就没有其他关系了，高等教育拨款咨询委员会还要对高等院校实行拨款后的评估工作。负责审查评估高等院校财政拨款的使用状况，并可对其实行一定程度的问责，进而对高等院校无论是教学还是科研抑或是其他方面使用拨款的效果产生一定的保障作用。问责制是高等教育拨款咨询委员会外部运作机制所具备的一个很重要的特点，从某种程度上对高等院校的财政予以审计与核查并对其加以监督，能够保证政府高等教育拨款的使用价值，进而有效地提高高等院校的教学与科研的水平与质量。但必须予以明确的是，虽然高等教育拨款咨询委员会根据评估针对高等院校所提供的资金对高等院校来说至关重要，但是高等院校仍然享有绝对的发展自主权，其课程以及相关内容设置都完全取决于高等院校，高等教育拨款咨询委员会没有任何权利干涉，这是保证高等院校自主发展的必须条件。

高等教育拨款咨询委员会通过拨款支持高等院校的科研工作。高等教育拨款咨询委员会所拨付的财政资金基于高等院校的自主安排可用于研究设施的完善、图书馆的建设、用来支付校内科研费用以及相关科研及辅助人员的薪酬等。对于科研方面的资助，高等教育拨款咨询委员会所坚持的原则往往是择优分配。基于此，高等院校则必须要证明自身的科研评估与阶段性要求是相一致的。因为高等教育拨款咨询委员会会将周期性科研评估的实际结果作为依据，进而确定对高等院校资金支持的力度。而高等院校则需要将科研所取得的实际工作绩效在限定时间内提交给高等教育拨款咨询委员会。高等教育拨款咨询委员会负责对其进行评定等级，依据等级来最终确定拨款的具体金额。

高等教育拨款咨询委员会与高等院校签订高等教育拨款的财政备忘录。高等院校在从高等教育拨款咨询委员会获得政府的拨款时，各高等院校需要同高等教育拨款咨询委员会之间签订高等教育财政拨款备忘录。各高等院校主要是通过财政拨款备忘录来承担自身的绩效责任，而高等教育拨款咨询委员会主要负责财政拨款备忘录的制定，并对其进行公布与促进实施。总体而言，整个财政拨款备忘录的内容主要包括两个部分，一部分是对所有的高等院校能够普遍适用的要求，另一部分则是从特定高等院校的实际情况出发，制定的具有针对性的要求。财政备忘录的签订以及实施主要涉及三个方面的主体：首先，高等教育拨款咨询委员会的主席，其要确保政府高等教育拨款的使用效益；其次，高等院校内部的治理机构；最后，高等院校的校长。高等院校内部的治理机构掌握着各高等院校的最高权力，它的主要职能是对高等院校的各项内部事务的处理以及处理和协调同外部环境之间的关系。校长的主要职能就是代表高等院校与高等教育拨款咨询委员会签订财政拨款备忘录，并安排使用所获得的划拨资金。责任与资金是财政拨款备忘录的两大主要内容，倘若高等院校的行为违背了备忘录的相关要求，需要报告给高等院校内部的治理机构，如果治理机构仍然无法进行妥善地解决，那么就需要上报给高等教育拨款咨询委员会。

  财政备忘录对高等教育拨款咨询委员会与高等院校之间的关系进行了清晰的界定，以确保高等教育拨款的正确使用。确保风险管理机制与风险控制机制积极有效地实施，以使高等教育拨款的效用得以充分发挥。一是强化对高等院校财务管理的核查与监督，确保高等院校拥有足够的偿债能力，进而可以将赤字控制在合理的范围之内。二是财政备忘录对各高等院校进行有效的风险管理。高等教育拨款咨询委员会虽属于独立的非政府组织，但其掌握着整个高等教育的拨款工作，其需要对教育部部长负责并间接负责于全国人民代表大会，因此，需要资助对象的风险予以评估，即拨款后的评估工作。如果高等教育拨款咨询委员会未能发现高等院校所存在的缺陷，或者无法提出有效地建议弥补缺陷，而是对此高等院校进行持续地发展性拨款行为，如此便是对高等教育拨款资源的不合理利用，教育部部长及其特派员便可对其予以监督和提出质询。在针对高等院校的风险控制上，主要通过高等院校提交绩效报告与实施报告的手段予以审查，并实地访问高等院校予以审计监督得以实施。通过核查、审计以及监督，高等教育拨款咨询委员会对高等院校的风险予以评估，一般分为"较高风险"与"较低风险"两类。高等教育拨款咨询委员会则会根据拨款后的评估结果考虑下一个周期对该高等院校的拨款范围及数额。

（二）内部运行机制

整个高等教育拨款咨询委员会由主席、董事会、评估局、拨款局、秘书处以及常设小组构成。

高等教育拨款咨询委员会主席对教育部部长负责，是董事会与教育部部长之间沟通的桥梁。主席要保证高等教育拨款咨询委员会所有的政策和活动是符合教育部的宏观发展战略的,保证高等教育拨款咨询委员会的运作能够真正实现高等教育拨款资金的价值。除此之外,主席还要确保董事会能够制定出一套切实可行的战略目标和方案;确保董事会决策时遵循教育部所设定的指导原则;协调并促进拨款资金和其他资源实现有效利用;将董事会的评估结果与拨款决定公之于众,同时遵守高等教育拨款咨询委员会的治理规定,并提升自身及鼓励董事会成员高标准的道德操守。董事会主席代表董事会负责整个高等教育拨款咨询委员会的人事、财务及行政等事宜。负责保护委员会所管理的公共资金,确保这些资金得到合法合规使用,负责委员会的日常运作与管理。

董事会应确保高等教育拨款咨询委员会完成战略规划预设的目标,以促进其有效地利用相关资源。在教育部部长确定的发展政策与资源框架内,确定高等教育拨款咨询委员会的整体战略方向,并据此确定每个周期内的主要业绩指标;确保教育部部长及时了解可能影响到高等教育拨款咨询委员会战略方向以及指标可实现性的任何突发情形,并且制定处理突发情形的必要措施;确保拨款资金的使用符合法律的规定;确保董事会的法定权力范围与教育部部长所批准的权力范围相一致,并且遵循与拨款资金使用相关的原则制度。董事会须定期检查高等教育拨款咨询委员会运作的财务信息，及时知悉高等教育拨款咨询委员会的各类相关问题，并向教育部部长提供已对此采取适当措施的保证。董事会应始终保持高标准的组织管理，包括聘用专业的审计人员帮助董事会处理高等教育拨款咨询委员会所面临的重大财务风险和其他风险；征得教育部部长同意后，设立评估与拨款两个局，并在咨询教育部部长之后，设定相关人员的业绩目标及于此目标相关的报酬规定。

针对董事会的组成，高等教育拨款咨询委员会的董事会成员规模不宜过大，应充分考虑各相关利益群体的参与，并且应包括一定比例的非教育界人士与国外人士。董事会成员应为具有较大成就的和社会影响力的品行高尚、热心教育的人士。当然，这些人员可以是学术界人士，可以是与高等教育相关的行政人员，可以是学术权威，可以是社会的杰出人员，但董事会的成员不能为现任的政府官员，并且通常也不应该是受各高等院校管制机构的成员。各位董事会成员均以个人名义接受委任，并向高等教育拨款咨询委员会提供独立及客观的专业意见，免受外在因素或者个人利益所影响。董事会的会议可以分为常务会议与临时会议。常务会议主要针对一些常规性事项的审核及讨论决定，而临时会议主要针对内部出现严重问题时可以由董事会主席临时召集而召开。常务会议可以规定每年定期召开。

至少在一些关键节点应该召开,在高等教育拨款咨询委员会最终作出各高等院校预算审批决定之前举行,主要就次年针对各高等院校的拨款进行讨论并提出建议意见;在各高等院校年度预算执行过程中举行,主要就各高等院校当年财政拨款的执行与使用过程中需要进行及时调整的问题展开讨论研究。而每次会议召开之后,董事会应尽可能在较短的时间内针对讨论结果做成书面咨询报告。董事会会议虽然不是公开进行,但其会议文件和会议决策及记录都要在高等教育拨款咨询委员会官方网站上对外公布,并且可以就重要决议召开新闻发布会。基于对董事会成员的道德标准要求比较高,《董事会成员守则》中对董事会成员的共同责任以及个人责任予以详细地规定,包括有义务声明可能与其作为董事会成员的职责相冲突的任何利益;并且需要遵守高等教育拨款咨询委员会内部的问责原则。

评估局是高等教育拨款咨询委员会下辖的一个主要负责针对高等院校评估事宜的咨询办事机构。高等教育拨款咨询委员会向高等院校拨款的依据便是评估局所提供的评估结果。评估局的主要工作是制定评估标准以及根据预先制定的评估标准对高等院校开展评估工作,而这两项工作都是至关重要的事宜。仅仅是评估标准的制定便需要注意对学校的常规性需求与发展性需求采取不同的评估公式予以分别评估;要注意从高等院校类型及办学层次等角度,对高等院校予以科学分类；要注意学科之间的差别；要注意定量与定性相结合等问题。而评估工作的实际开展更是要注意评估专家组组成的客观性问题；评估对象被评学科的整体性问题；评估对象规模的限制性问题以及评估有效期的时限性问题。可以说，评估局的工作是整个高等教育拨款工作的前提。除此之外，评估局还可以将在评估中所发现的问题向高等教育拨款咨询委员会予以反馈，如某个时间段内高等院校在教学与科研方面的需要，并将各种需要划定优先范围，建议高等教育拨款咨询委员会对此类需要予以优先关注，进而更能实现拨款之针对性和适当性，从而为构建一个足以维持高等教育蓬勃发展和合乎我国现代化建设需求的高等教育提供方向性支持。此外，评估局会定期向高等教育拨款咨询委员会汇报工作，并负责监督拨款局能真正按照自己所提供的评估结果来予以拨付款项。

拨款局是高等教育拨款咨询委员会下辖的一个半独立的主要负责针对高等院校进行拨款具体事宜的办事机构。拨款局向高等院校拨付款项的工作是整个高等教育拨款工作中的核心部分，拨款局根据评估局所提供的评估结果，结合拨款局所制定的拨款公式，计算出各高等院校所能获得的财政拨款总数，进而制定详细的拨款计划以指导具体的拨款工作。拨款局所需要制定的拨款公式是一项非常繁杂且重要的任务。拨款局需要针对不同的拨款类型如常规性拨款与专项性拨款等而制定不同的拨款公式，并且在制定不同拨款公式时，还需要注意究竟更适合采用投入型拨款机制中的拨款模式，还是更适合采用产出型拨款机制中的拨款模式。拨款公式确定是整个拨款工作实际运行的开始。拨款局除了将高等教育财政款项按照规定予以拨付之外，还对高等院校款项使用有一定的监督作用，并可以将监督中所发现的问题定期向高等教育拨款咨询委员会汇报，同时与评估局适时进行沟通，以便评估局评估工作的开展与完善。考虑到我国高等院校的运作也是按照学年为周期，而高等教育拨款咨询委员会在一个拨款周期内针对某个高等院校的拨款往往是具有相对稳定性的，因此，拨款局在一个拨款周期内再根据高等院校的学年制进行拨款，可以应对一些相对的变动性。依据学年制分别安排下面几项工作：同教育部部长讨论未来一学年高等教育的重点发展方向及对资金的重点需求问题；通知高等院校此学年政府高等教育拨款情况及优先使用的指导方针；各高等院校上报其学生数量、教工数量及科研活动等相关数据；计算此学年能够拨付给具体高等院校的拨款数额；将拨款数额的决定及实施计划通知各高等院校并按计划完成拨款事宜。

秘书处是高等教育拨款咨询委员会及其下属的各局、各小组的志愿性与协调性机构。高等教育拨款咨询委员会对内对外事务的日常安排和工作主要由秘书处来负责，对内对外发布公报等需要由秘书处进行草拟与审核。同时，秘书处还负责评估局、拨款局以及各小组之间工作关系的协调，保证各机构之间的关系融洽进而促进各项工作能够顺利进行。

高等教育拨款咨询委员会内部的各小组分工明确，针对我国高等教育的不同方面向高等教育拨款咨询委员会提出建议或协助开展工作。一般事务管理小组负责委员会内部的信息管理及数据统计工作，并就这两项工作提出完善性建议；策略小组主要向高等教育拨款咨询委员会提供我国高等教育发展的策略性意见，进而有助于政府高等教育发展战略的制定；研究小组主要负责总结研究以往拨款工作的得失以及借鉴研究其他国家或地区的拨款工作的优势，进而提供更加合理有效地使用拨款的建议；宣传小组负责高等教育拨款咨询委员会对外宣传工作并提供完善建议，以促进高等教育拨款咨询委员会与公众的沟通，使公众更加了解委员会的地位及日常性工作，进而树立委员会的公众权威；财务小组主要负责高等教育拨款咨询委员会内部的日常财务工作，并负责支持国家审计部门对委员会的审计工作。

第四章 CHAPTER4
第三方参与背景下绩效导向之拨款制度设计

以绩效为导向拨款模式的选择体现了我国高等教育拨款制度重效益之未来指向，而第三方主体参与之要求则体现了我国高等教育拨款制度之公平性追求，由此可见，第三方参与背景下绩效导向拨款制度的确立体现了我国高等教育拨款制度既追求效益又追求公平之综合要求，而两种目标追求之实现必须依存于整个制度之完善设计。第三方参与背景下绩效导向拨款制度的设计，评估制度设计是前提、拨款制度设计是核心、监督制度设计是保障，三种制度相互制约相互作用最终保证整个拨款制度之运行效果。

第一节 建立健全针对高等院校的评估制度

建立健全高等院校质量评估机制与评价指标体系，将评估的结果与高等教育拨款直接挂钩，尤其是与提高性拨款直接相联系,通过评估对高等院校的提高性拨款使用的效益、效率以及质量进行衡量,以决定后续性拨款的数额、形式以及方法等。能够督促高等院校把有限的资源切实用到实处,并且讲求经济、提高效益。同时,高等教育拨款咨询委员会还要承担起制定适合我国国情的拨款指标的工作,把拨款活动与评估活动密切结合,鼓励高等院校进行资源的合理性竞争,以实现既能优化资源分配,又能提升高等教育整体水平的目的。[1]但是,评估制度的构建应注意:

一、专家组组成的客观性

对高等院校进行评估,其主要是针对高等院校的教学和科研两个大方面的评估,即属于主要针对科技工作的评估。而对科技工作进行评估,特别是针对科技成果进行的评估,应尽量减少行政方面的干预,由同领域或同行专家负责主评,这已经成为人们的共识。高等教育拨款咨询委员会可能内设专门的评估机构,但往往针对的是常规项目的评估,而一旦涉及针对不同学科门类进行评估时,便需要同学科门类的专家参评。当然,此类评估可能采取一种非常设机构的方式存在,例如采用专家数据库的方式,但

---

[1] 颜廷兰:"基于绩效管理理论的高等教育拨款模式改革研究",载《中国成人教育》2011年第24期。

专家组成员的构成必须要客观、公正，否则直接影响到评估方法的科学性存在问题，进而影响到评估结果的正确性。高等教育拨款咨询委员会可以根据我国现存的学科门类组织专家组，各被评估高等院校不能参与专家组成员的提名，并且每个专家组应由奇数位成员组成，最好还要有来自国外的同行专家。如此才可能基本上保证专家组成员的客观性。当然，各专家组成员的权威性最好也要有所保证。如联邦德国对大学的评估是由联邦政府和州政府共同组成的科学顾问委员会来进行的，科学顾问委员会又由科学家委员会和管理委员会组成，其中76人组成的科学家委员会由联邦总统任命，可见其评估专家的权威性。[1]

而我国目前的情况可能还无法完全实现从国外聘请同行专家来参与评估，也无法保证所有的专家组成员与所有被评估对象都是一种"利益无涉"的状态，但至少应该能够保证与某高等院校存在利益关系的专家参与到对该高等院校的评估项目中来。并且，在目前我国一些基金项目的评选过程中，除自然科学基金会、社会科学基金会、教育部等少数部委建有自己的专家库外，大部分尚无专家库或者所组成的评估专家组具有临时性、随意性。如此便难以保证评选或评估的权威性、客观性。目前的科技成果鉴定

---

〔1〕 邵毓琳："谈谈高校科技评估工作的科学性——对英格兰高等教育拨款委员会评估方法的借鉴"，载《研究与发展管理》2002年第1期。

基本处于这种状态，而要改变目前状况的第一步，便是建立权威、客观的专家库，并保证各位专家库成员在评估时必须遵守回避原则。

二、评估方法的科学性

高等教育拨款咨询委员会组织对高等院校的评估，评估方法一定要注重科学性，在此基础上的评估结果才可作为高等教育拨款的依据。而评估方法要想体现科学性，至少应该从以下几个方面予以设计。第一，要注意对学校的常规性需求与发展性需求采取不同的评估公式予以分别评估，这是根据学校拨款需求类型方面的划分。第二，要从高等院校类型及办学层次等角度，对高等院校予以科学分类，进而建立更具针对性、应用性的高等院校分类分层评估体系，为不同类型、不同层次院校的拨款提供依据。要区分学校的类型差别，因为不同类型的学校在拨款需求上自然存在较大的差异性，尤其是某些拨款方式采用之后对不同类型的学校造成的影响差别更大。如：农林类大学超过六成的收入来源于国家财政拨款，而如果采用绩效拨款的高等教育经费分配模式，则对其影响相对较大，对外语类学校而言受到的影响则相对较小。因此在选择具体的拨款方式、拨款规则时，应当注意在开始阶段，对那些财政拨款依赖性很强的高等学校不能造成过强的冲击，以免影响到学校的正常办学。同时，对那些财政拨款依赖性相对较弱的高等学校，要采用合理的指标和规则使国家的拨款政策能够在这些高等学校发挥最佳作用。而所有这些的前提就是要在评估时便对高等院校的类型予以区分，以使拨款更具备针对性和激励性。第三，高等教育拨款咨询委员会在组织专家组对高等院校进行评估时，还要注意学科之间的差别。文科、理科、工科、医科等各个学科之间存在差异，因此在评估时也需要注意它们之间的区别。如每个学科领域对其本学科内的科研成果、奖项等的评价标准是不同的，而且各学科所获得的荣誉也存在难易程度的差别，因此在对其代表性成果进行评估时自然也要采用不同的标准。并且还要注意评估时定性与定量不同方法的采用以及以何种方法为主更恰当、适合。

目前我国对高等院校科技工作的评估，以完全定量评估见多，有的也采用定量与定性相结合，但定性指标再采用一定的权重予以量化，得出的最后结论仍然是定量的。定量评估方法固然是比较"硬"的指标，但往往量的细微差异并不能直接反映出质的差异性。虽然质寓于量中，量变是质变的前提，质变是量变的结果，然而这中间有一个"度"的问题，即在一定"度"的范围之内，量变并不必然引起质变。如现在盛行一些学术榜排名，前 10 名，前 20 名，前 50 名等不同的界分，对于这种界分除极少数学校在收录数量上确实处于一种遥遥领先的地位,更多的情形是不少学校的差别只是几篇或十几篇,而这对于有数千名教师的高等院校来说,并算不上是真正的差距。[1]

而有的研究人员在对高等院校科技工作进行评估时,也是完全采用定量的方式,并且为了使不同类型的学校能在量的标准下进行排序,还特意设计出一些转换系数,其假设所有高等院校科技人员的能力是处于同一层次的,然后再以各类学校科技人员的数量作为依据,计算出不同的转换系数。但可以确定的是这种假设完全是不切实际的,很显然,一所具有博士、硕士学位的教师占教师比为80%～90%的学校,与一所具有博士、硕士学位的教师寥寥无几的学校相比,其人员的科研能力明显不同。假设不符合实际,其所确立的系数就不可靠,排序也便失去了意义。实际上,即使假设是正确的,完全采用定量的标准进行排序,意义也并不大。因此,对科技工作进行评估,尤其是对科技产出进行的评估,单纯采用定量的标准进行评估是不科学的。因此,高等教育拨款咨询委员会在对高等院校进行评估时,一定要注意定性、定量方式的选择与结合,采用以定性为主的方法,可能会更科学,更符合实际些。

---

[1] 如上海某校,为了使排序提前些,加大了被SCI、EI收录的奖励和在业绩考核中的权重,1999年与1998年比较,SCI增加了106篇,EI增加了52篇,这充分说明几篇、几十篇的差别,说明不了多少问题。

三、注重评估对象被评学科的整体性

高等教育拨款咨询委员会在对高等院校进行评估时一定会涉及学科评估。而目前国内的学科评估，关系最密切的往往是校长、院长以及职能部门的负责人等，因为评估结果直接影响到的也是学校的职能部门，而与一般教工人员的关系并不大，评估结果评得好教工人员个人也得不到多少直接利益，评估结果评得差教工人员的工作也可以不受影响，所以评估对教工人员来讲起不到多少凝聚作用。所以有必要采用一种不仅能够对高等院校的职能部门发挥指导作用，又要对高等院校教师发挥激励作用的评估方法。使评估结果能够直接影响到教师个人，并且根据评估结果所进行的拨款是直接与教师个人挂钩的。如此一来，便使评估不仅与高等院校职能部门相关而且与教师个人相关联，最大程度调动各方积极性。采用这种方法，由于针对整个学科的级别进行评估必然与该学科个人成果紧密相连，而对学科的评估级别又是对其投入的直接依据，并且投入又会落实到个人，使个人与整体的关系凸现出来。因此，个人和群体在声誉和经济利益两方面都存在一种相互依存的关系。这种机制能够产生竞争，高等院校或者其学院作为一个单位群体不可能留任长期出不了有水平成果的人，它需要把一批工作积极性高与能出高水平成果的人凝聚起来，

这样才能形成整个学科、整个学院乃至整个学校的整体优势，进而提升评估层次。

四、注重评估对象规模的限制性

高等教育拨款咨询委员会的整个评估工作是否科学，不仅指评估指标体系本身要讲求科学性，还要考虑到整个评估指标体系在实施过程中能始终保持其科学性。以前的评估经验显示，如以前常见的国家对一些高等院校的重点实验室或者工程研究中心进行评估（验收），评估指标体系既有定量又有定性并且还有时限规定，很难完全否定其科学性，但评估结果却往往是每个被评估的对象都通过。深究其原因，往往是因为被评估对象的范围任意扩大，带有随意性。一份厚厚的评估工作报告，往往呈现出来的都是硕果累累，但如果仔细审查便很容易发现，很多是同一学科甚至是邻近学科的成果都被纳入进来了，而这些成果与该国家重点实验室或者工程研究中心并没有任何实质性联系。因此，高等教育拨款咨询委员会如果既要保证整个评估体系本身的科学性，又要保证整个评估体系在操作过程中的科学性，那么必然要对其所评估对象的范围有一个实质性的限制，或者采取一种"拨款到人"的拨款制度，即拨款跟随个人流动。如在评估某所高等院校某个学科时，允许学者任意上报，可以任选一个学科，但对每位学者上报的成果数目有个固定的限制，并且拨款随着个人流动。如此一来，假如被评估学科意欲多上报人数，那么它就要防止评估级别难以提高，因为评估体系中评估级别是根据参评研究人员成果水平达到国际或国内先进占总数的比例而确定的，而评估级别又直接与拨款系数相联，直接导致拨款数额的大小；而如果被评估学科意欲将更多成果质量高的研究人员纳入进来，则又要防止拨款到人的制度，因为既然拨款到人，那么即使将更多的研究人员纳入其中对本学科也是无意之举。该项制度如果针对某所高等院校的整体进行评估，则研究人员无论如何流动，对整所高等院校的评估等级应该是没有影响的。采取此种制约方式，才能真正将评估对象的规模予以限制，也才能真正保证整个评估体系在实施过程中的科学性，进而保证整个评估活动的科学性。

五、评估有效期的时限性

高等教育拨款咨询委员会针对高等院校所进行的基于拨款目的的评估，评估的对象范围针对的是过去而不是未来，而评估的结果针对的却是未来而不是过去。因此，高等教育拨款咨询委员会所进行的评估必须讲求时限性。同时必须承认对过去进行评估可以指导未来，这也正是评估工作所存在的价值，又因为高等院校的未来是一种未知的状态，因此必须承认评估只能用于指导短期的未来。如果以针对过去的评估去指导长期的未来,那么会使评估固有的科学性丧失。因此,高等教育拨款咨询委员会所进行的评估必须要有一个时限性,即选择一个合适恰当的时限作为评估的周期。

评估周期不宜过长,因为如果周期过长,各高等院校在一个周期内发生的变化可以说是翻天覆地的。如将周期确定为15年至20年,那么在一个周期之内一个理工类的院校可能真实现一种向综合性大学转型;一所高等院校内部科研人员的数量和结构完全可能发生质的跨越,从科研人员学历以本科为主转变为博士学历占主导的结构安排;前一评估周期内评估结果相同的院校,在一个较长的评估周期内由于管理、投入重点、发展理念的不同,完全可能在周期未结束之时发生剧变,如果仍按照前一个评估周期的评估结果予以分配拨款,则明显不公。当然,评估周期也不宜过短,因为不可否认评估工作可以视为一项大工程,不仅需要评估体系的设计,还有评估工作的实际运作,这绝非是一件轻而易举的工作,需要投入大量的时间和精力,当然还要有财力支持。而如果评估周期太短,评估所需要花费的物质投入必然会增加,而这部分费用的承担将是一个很大的问题。且如果周期太短,会牵扯到高等院校工作人员以及科研人员大量的精力,很可能会影响到高等院校正常的教学和科研工作,进而对高等院校的发展形成阻碍。

因此，评估周期一定要选择适当。周期适当，既可以不断调整高等院校发展中的不平衡，又可以使评估对象产生一种自我激励，为其积极提升获得资金支持提供一种可能。高等教育拨款咨询委员会不间断地对高等院校进行周期性评估，能够促进高等院校不断改革、创新，能够沿着评估指定的导向不断发展提升。

第二节 绩效拨款试点工作之理性评析

评估制度是整个第三方参与背景下绩效导向高等教育拨款制度的前提，换言之，评估制度是后续绩效拨款制度的前提。而两种制度的设计更多地倾向于理论层面上的设计，要检验一项制度运行效果则必须通过试点进行试验才能最终得出结论，即能发现问题并提出针对性的修正建议。2008年，教育部、财政部发布的《关于完善中央高校预算拨款制度的通知》曾明确提出要增加绩效拨款，构建激励机制，据此而启动了中央高校预算绩效拨款制度的改革工作。除此之外，在中央政策的指导之下，江苏、浙江等相关省份均开展了高等教育拨款制度改革的试点工作。[1]

---

［1］ 李永宁："高校预算绩效拨款模式改革：现实问题与应对路径——基于试点省份的探索"，载《教育发展研究》2016年第1期。

第四章　第三方参与背景下绩效导向之拨款制度设计

一、试点工作所呈现之问题

试点工作所涉省份或高等院校应该是制度改革之实验区和先行者，而作为实验区和先行者其面对的是全新的制度，全新制度的实施自然是对先前制度运行逻辑的挑战，因此，试点工作的开展自然会是问题重重。

（一）试点工作欠缺系统的绩效理论做指导

理论是实践的指导，高等教育绩效导向拨款制度的实践工作同样无法离开科学、系统的绩效理论作指导。根据前文分析，相关的绩效理论既应该包括宏观层面的绩效预算、绩效管理等宏观理论，又应该包括微观层面的绩效拨款的发起、中介机构选择、评价指标确定、指标权重安排、绩效衡量标准、绩效拨款水平、政策实施评估、绩效监督问责等微观层面的理论。针对上述理论，我国理论界对此所进行的研究尚处于一种粗浅表述、经验介绍、模仿研究的初级阶段，尚未形成能够直接对我国高等教育拨款形成指导意义的系统化的理论体系，因此，单纯相关理论的转介研究很难对我国高等教育绩效拨款的实践形成有效指导。基于此，由于欠缺系统化理论体系的指导，各省份拨款模式改革的试点工作存在整体性规划不足、科学性不强和方向性难以固定等问题。这些问题主要表现在以下几个方面：第一，针对整个拨款制度中运作机构的框架设置、运作环节的协调、运行机制的安排等方面，尚未形成一套完整的系统化的体系，只是对"绩效"因素的简单引入并在此基础上的简单应用，配套制度和机制并未相应建立。第二，试点工作之绩效目标设定相对模糊，并未针对拨款制度的改革试点工作从政府的顶层政策目标设定相应的长期规划目标，使整个试点工作呈现出一种孤立性的阶段化特征。第三，具体的运行环节之间的衔接性协调性不足，绩效拨款目标的实现与前期的绩效评估环节、后期的绩效问责环节存在脱节现象，难以形成一个有效闭合的制度回路。第四，试点工作在各地存在不彻底性，出现绩效拨款标准与原有的拨款标准并存之局面，并且绩效竞争程序存在不规范等问题，致使试点工作仍然在很大程度上受制于人为因素的制约。[1]

(二) 试点工作之核心要素体系设计不完善

根据前文所述，整个高等教育拨款制度的构建既包括体制、机制和模式层面的制度构造安排，又包括评估机制、拨款机制和监督机制组成的运行程序层面的制度安排。具体而言，我国高等教育拨款制度的设计理当包括第三方主体中介机构的设置、拨款之前提性制度设计评估机制安排、后续的监督问责机制安排以及更为具体的绩效评价指

---

[1] 李永宁："高校预算绩效拨款模式改革：现实问题与应对路径——基于试点省份的探索"，载《教育发展研究》2016年第1期。

标体系之设计。

1. 相对独立的第三方参与主体缺失

第三方参与主体的设置是我国高等教育拨款相关政策之未来指向，更是整个高等教育拨款制度实施之重要机构设置。甚至有学者进一步认为，现代高等教育拨款制度就是由拨款主体和拨款机制而构成，[1]而拨款主体的选择与拨款机制的安排之最主要的连接点便是第三方参与主体。通常而言，拨款主体应当涉及高等教育财政资金的提供机构和具体的分配机构，而从国外经验来看，还应当包括为财政资金的供给和分配提供决策信息的相关机构，这便是作为连接点的第三方参与主体。而在我国各地的试点过程中，北京市设立了"教育财政咨询委员会"，江苏省设立了"高等教育拨款咨询委员会"，这些委员会的设立在一定程度上增加了拨款政策的科学性与透明度。然而，从这些委员会的人员组成、机构性质以及所履行的职能来看，其实质上仍然是政府的"代言人"，其应有的信息决策咨询和绩效评估功能并未得到有效发挥，而只是对政府所提出的经费拨款方案进行审议，并且只限于形式审议而无实质建议权。"政府-高等院校"之二元拨款机制并未从根本上得以改变，仍然易受"人为因素"的干扰进而影响整个拨款的

---

〔1〕 孙志军、王善迈、成刚："论现代高等教育财政拨款制度"，载《教育研究》2009年第6期。

公正性与公平性。[1]

2. 差异化的评估体系尚未建立

高等院校之科学、合理的类型化分组是绩效拨款评估体系构建之前提，更是整个高等教育绩效拨款模式运作的基础性工作。高等院校不仅具有类型化差别还存在层次化差别，如此便使得运用统一的指标体系和评估标准去评价差别化的高等院校显得力不从心，当然也会让众多高等院校难以接受。因为不同层次的高等院校之间运用统一的标准予以评价，显然会使实力越强的高校越容易获得拨款，实力越弱的高校越不容易获得拨款，进而形成"马太效应"。而这又显然不符合高等教育绩效拨款制度既追求效率又追求公平之价值目标，因为，这样的制度安排不仅不利于优势高等院校积极性的调动，而且也不利于弱势高等院校积极性的调动，最终导致拨款显得无力。试点工作中，上海、江苏等地也出台了相关政策文件，试图探索建立高校类型化管理和评价体系，但尚未形成比较成熟的可供借鉴的模式，无法直接运用到绩效拨款的实践中去。

3. 绩效评价指标体系设计不完善

绩效拨款是整个高等教育拨款制度改革之关键点，而绩效评价指标体系的设计则是绩效拨款运行最核心的部分。

---

[1] 李永宁："高校预算绩效拨款模式改革：现实问题与应对路径——基于试点省份的探索"，载《教育发展研究》2016年第1期。

绩效评价指标体系的设计是否科学是整个高等教育拨款制度改革成功与否的关键。试点工作中，各试点省份也大部分设计了与其自身现实情况相吻合的绩效评价指标，但是相关指标的设计均存在倾向性，其侧重点各不相同但却难以满足高等院校的"人才培养""科学研究""社会服务""文化传承与创新"等目标实现的要求。浙江省所进行的指标设计侧重于从"本科教学质量"角度展开，而江苏省所进行的指标设计则侧重于从"人才培养"角度展开，但对于当地的高等院校而言，"本科教学质量"只是高等院校"人才培养"功能中的一个组成部分，而"人才培养"功能又是所有高等院校众多功能的一项，因此单纯对这两个角度展开的绩效评价很难反映出高等院校的整体绩效的高低，而依据此项评价对高等院校展开教育拨款更是难以令人信服，同时与政府全面提升高等院校办学质量的目标也不相符。绩效指标评价体系设计的完整性是整个绩效评估工作进行的重要保障。

4. 评估机制和监督机制不健全

通常而言，整个高等教育拨款的流程应当经历"发展目标的设定—评估—拨款—使用—反馈—再评估—问责"等步骤，而所有流程步骤的进行必须有相关监督机制予以保障，否则整个过程将可能脱离其真实的轨道而出现问题。高等教育绩效拨款的运作往往会涉及三个方面的问题：一是明确发展目标之后确定本年度高等教育拨款总额；二是根据选定的拨款分配模式，对高等院校进行合理的资源配置；三是针对高等院校对经费的使用情况，进行跟踪、评估为拨款主体对高等院校进行问责和进一步优化资源配置提供决策依据。而这三个问题所指向的最主要的措施就是评估机制和监督机制的完善。由此可见，评估机制和监督机制缺失任何一项或存在不完善之处，均会使得绩效拨款的目标难以实现。参与试点工作的省份虽然都从不同程度上启动了对相关项目的绩效评估与问责，但尚未形成完善的工作机制。主要表现在以下几个方面：有关绩效评估的制度安排不健全不完善，评估标准难以统一、评估程序缺乏规范性、评估信息的公开性不足；尚未形成有效的问责机制，并且问责结果与拨款相分离等。这些问题的存在一定程度上使得高等院校的目标责任弱化，进而影响到整个绩效拨款模式的运作效果。[1]

（三）多方利益主体参与不足

高等教育拨款模式的改革是一项复杂的、系统化的工程。[2]它所涉及的主体决不仅限于高等教育拨款的负担者——政府，除此之外，还涉及拨款的接受者——高等院

---

[1] 李永宁："高校预算绩效拨款模式改革：现实问题与应对路径——基于试点省份的探索"，载《教育发展研究》2016年第1期。

[2] 沈洪涛："对推进我国高等教育绩效拨款改革的思考"，载《财会月刊》2015年第14期。

校以及其管理者、内部教职工、学生群体、社会公众等众多利益主体,同时还有整个拨款工程中的协调者——高等教育拨款咨询委员会。而所有拨款程序的进行都是由其共同参与互动完成的。然而,试点省份并未形成多方利益主体共同参与的互动机制,高等院校和社会公众远未参与到高等教育拨款的决策过程中,仅仅是作为普通受众而存在。基于此而开展的高等教育拨款难以得到高等院校的普遍接受和社会公众的广泛认可,因为利益主体的参与不足造成整个拨款工作的效果难以提高。

(四) 不同层级间项目统筹运作不力

高等教育以绩效为导向的拨款制度是我国未来高等院校经费拨款改革的发展方向,这一改革必然是一项系统化整体化的工程,它所涉及的层面既包括国家层面的相关改革与调整,又包括省级层面的改革与调整,进而形成统一协调的运作模式。然而在试点实践中,单纯从试点省份这一层面上进行改革,是难以保证拨款运作系统性和整体性要求的实现。具体表现在以下几个方面:就科研项目资助而言,省级层面的项目往往是借鉴国家层面项目的模式和研究方向进行设立,[1]或者只是在研究范围和研究方向上予以地方化,但实质性的内容并未发生改变。这正是因为

---

[1] 如国家层面设立国家社会科学基金项目,省级层面设立省级社会科学基金项目。

从国家到省市等地方政府之间并未进行统一规划，进而在实践中导致同类型项目重复立项、经费重复资助的现象。甚至因为缺少国家层面与省级层面必要的统筹和协调，经常会出现一些实质研究内容相同或相近，只是立项名称发生一定改动的项目能同时获得国家、省级、市级等不同层面的多重立项；除此之外，省级层面的项目又会分属于省级各主管厅局具体负责，因为缺失统一协调运作机制，各项目所设立的申报方向指南中的选题就存在大量重复现象，进而导致申报单位和申报者只是进行申请表的重复性填写，实质内容并未发生根本变化，最终导致项目经费资源的倾向性集中，进而导致资金拨付的低效。

（五）信息共享平台建设滞后

高等教育绩效拨款制度的良性运作需要多元利益主体的共同参与，而建立能够容纳和方便多元利益主体需求的信息共享平台则是其重要保障。这一信息共享平台的建设，能够保证及时发布各级政府有关决策信息、各高等院校在相关方面的教研成果，以充分发挥其信息实时公开之功能，进而使相关教研人员获得最前沿的成果信息以促进共同发展。然而这种信息共享平台的建设需要对各高等院校的教学、科研、社会服务等产出信息进行实时搜集并予以分析公开，这又需要各高等院校的积极配合，同时也逼迫相关高校对重要信息予以公开共享。而试点省份绩效拨款运作所涉及的信息，首先其搜集途径和范围本身就具有局限性，其次其发布的信息来源于其他多个不同的数据平台，并未进行统一的筛选和分析，数据的有效性难以得到保证。由此可见，统一的信息共享平台建设的滞后，不仅对信息的实时搜集和及时公布不利，而且对监督的有效实施和责任有效提醒不利，同时也不利于促进高校良性竞争的透明化的实现。[1]

（六）法规政策不健全

基于试点工作开展具有区域性和阶段性，因此不可能从国家层面进行具有普遍性的立法活动，支持和保障试点工作开展和推进的往往是政府的政策性文件。而政策性文件的易变性与法律法规等立法活动的稳定性形成鲜明的对比，政策性文件的实施易受人为因素尤其是领导者意志所影响，而法律法规则对人为因素的影响存在制约作用，进而有利于整个试点工作的稳步推进。恰恰是因为相关立法规范的缺失，致使整个绩效拨款缺失良好的外部监督机制，使得一些非绩效因素在某些层面上成为影响绩效拨款的主要因素，而绩效因素本身则成为拨款依据之备选项；绩效评价体系构建的不完善导致统一的绩效评价制度难以通过立法规范予以明确，目前的实施过程仍然更多地依赖于原

---

[1] 李永宁："高校预算绩效拨款模式改革：现实问题与应对路径——基于试点省份的探索"，载《教育发展研究》2016年第1期。

有的评价模式,以及高等教育主管部门与同行专家所进行的协商会评。然而,此种形式的客观公正性又会在多大程度上得到保证,很难言断。[1]

二、针对试点工作所开之药方

(一) 进行高等院校类型化划分,构建高校分类评价体系

为了更好地引导高等院校进行科学定位、实现错位发展,进而避免高等教育资源配置出现"马太效应",保证高等教育拨款同时体现公正性、公平性,在对高等院校进行类型化的前提下建立一套科学的、应用性强的高校分类评价体系显得尤为必要。对高校开展分类管理、分类评价,使不同领域、不同层次、不同类型的高校都有一套合适的评估标准与指标体系,既有利于充分发挥各种类型、各种层次的高等院校之积极性,又有利于保证整个高等教育资源分配之公平性。高等院校的分类评价标准可以依据学校的办学层次(重点工程建设高校、普通本科院校和高职高专院校)、办学类型(教学型、研究型和教学研究并重型等)、办学条件(占地、师资、教学仪器设备、图书、校舍等)、办学领域、人才培养规格(应用研究、学术研究、应用技术和应用技能等)和学科专业发展(综合性、多科性、

---

[1] 李永宁:"高校预算绩效拨款模式改革:现实问题与应对路径——基于试点省份的探索",载《教育发展研究》2016年第1期。

特色性等）等众多方面进行合理划分。高等院校类型化的同时还要注意协同推进高校内涵型发展保障体系和监控体系建设，以切实保障和巩固高等院校类型化的发展质量。[1]

（二）完善拨款规章制度，强化制度约束功能

具体完善的拨款规章制度建设是高等院校绩效拨款工作顺利开展的制度性基础和保障。高等教育拨款工作运行的制度涉及以下几个方面的设计：一是建立绩效评估机构自身的内部运行和控制等相关规章制度，明确各个岗位的职责和权力，保证各个阶段工作的独立性，切实防范违规和越权等行为的发生，以免绩效评估信息不真实情况的发生；二是建立完善的项目评估和验收制度，实现项目验收流程的制度化和验收标准的严格化，坚决依照制度规定开展评估和验收工作以避免制度流于形式；三是完善信息公开制度建立信息公开共享平台，以确保高等教育拨款及教研信息公开的及时性、全面性，避免因信息不对称而最终导致高等教育拨款出现不公平的现象，促使良好的竞争氛围的形成；四是建立有效的监督和问责制度，以形成高效的问责文化，营造人人尽其责的氛围，日益增强"对高等

---

[1] 李永宁："高校预算绩效拨款模式改革：现实问题与应对路径——基于试点省份的探索"，载《教育发展研究》2016年第1期。

院校发展定位的评鉴、对高等教育质量和绩效的衡量";[1]五是建立动态化周期性的评估制度,实行定期评估和平时评估相结合的模式,同时根据高等教育发展动向对绩效评价指标及权重予以动态调整等,进而防止高等院校的发展出现同质化和功利化倾向。[2]

(三) 变革现有的预算拨款运作机制与运作模式

第一,建立多方利益主体互动机制,打破政府单方面运作的弊端。高等教育绩效拨款模式的运作绝不再是政府这个单一主体"自主"的过程,而是需要多元利益主体共同参与的过程,只有在其共同参与和互动基础上才能取得绩效拨款众赢的局面。因此,要尽快建立多元利益主体的良性互动机制。政府要出台绩效拨款的相关政策与措施,进而推动整个绩效拨款制度在体制、机制和模式方面的改革,而中介机构则主要是对多方利益进行协调,并及时为其提供相关决策的咨询建议或意见。[3]第二,建立拨款运作统筹协调机制,打破所涉主体各自为战的弊端。为了有效解决绩效拨款项目如何统筹、如何协调的问题,必须尽

---

[1] [荷兰] 弗兰斯·F. 范富格特主编:《国际高等教育政策比较研究》,王承绪等译,浙江教育出版社 2001 年版,第 46 页。

[2] 李永宁:"高校预算绩效拨款模式改革:现实问题与应对路径——基于试点省份的探索",载《教育发展研究》2016 年第 1 期。

[3] 李永宁:"高校预算绩效拨款模式改革:现实问题与应对路径——基于试点省份的探索",载《教育发展研究》2016 年第 1 期。

第四章　第三方参与背景下绩效导向之拨款制度设计

快建立统筹协调机制,增强拨款运作的系统性与整体性。[1]第三,建立绩效预算拨款模式框架,打破传统模式低绩效的弊端。根据国外的实践经验和试点省份绩效拨款的现状,进而建立第三方参与背景下的绩效导向的拨款模式框架,改变原有的"基本预算支出+基本项目支出"的模式。[2]

(四) 推动拨款立法工作,营造有利于模式高效运营的法规环境

借鉴美、英、德、法、日等国家通过法治保障高等教育绩效拨款有效运作的先进经验,如美国建立完善的两级立法体系、英国议会出台相关立法条例、德国、法国和日本都分别出台有关高等教育拨款的相关立法等。我国也要针对高等教育拨款工作出台相关的立法规范性文件,并且应该包括国家层面和地方政府层面等不同级别的规范性文件,同时对高等教育拨款工作的衔接工作所涉及的问题进行法律修正,以使整个高等教育拨款工作形成一个由法律法规保障的系统化体系。[3]

---

[1] 李永宁:"高校预算绩效拨款模式改革:现实问题与应对路径——基于试点省份的探索",载《教育发展研究》2016年第1期。

[2] 李永宁:"高校预算绩效拨款模式改革:现实问题与应对路径——基于试点省份的探索",载《教育发展研究》2016年第1期。

[3] 李永宁:"高校预算绩效拨款模式改革:现实问题与应对路径——基于试点省份的探索",载《教育发展研究》2016年第1期。

第三节　绩效导向之拨款公式设计

针对拨款公式的完善问题,必须首先要明确针对高等院校的财政拨款要确保常规拨款与专项性拨款分开拨付,那么针对两种性质的拨款公式自然也难以共用,而是各自独享一种拨款公式。常规性拨款是保证高等院校能够得以正常运转所需要的资金,其通常包括学生经费、教职员工经费、基本建设费用、教学基本维持费用等,那么在拨款公式的制定时自然需要针对这些因素予以考虑。同时,常规性拨款对于各高等院校来讲,其实质就是高等学校得以正常运行和发展的必要费用,能够使学校的基本教学活动得以顺利进行,是各高等院校的"保命钱",所以公式在制定时更倾向于要保证校际公平的实现。而往往这部分拨款也占到整个高等教育财政拨款总额的八成以上。另一部分为提高水平的专项拨款,这主要指的是科研专项基金。专项性拨款则主要针对高等院校水平的提高,要求形成对高等院校的激励效能,着重体现效率、效益等目标,要求更能突出对效率原则的追求,那么在拨款公式中引入竞争性因素则显得尤为必要。而这部分拨款往往会占整个高等学校财政拨款总额的两成左右。

拨款公式的最终确定不能仅限于影响因素的选定,同时还必须依靠评估局针对高等院校所进行的评估等级以及影响系数的确定才能最终明确。因此可以说,评估工作是拨款工作得以开展的前提,即拨款之前首先要对各高等院校进行评估。而评估局针对高等院校所开展的评估工作同样是拥有自己的评估公式。评估工作同样需要针对高等院校的常规性工作需求与专项性发展需求分别展开。其实整个高等教育的评估工作,就是在系统收集高等院校相关信息的基础上,对特定高等院校的某种高等教育活动或现象是否达到既定的教育目标以及实现程度、绩效等问题,所作的一定程度上的价值评判和分析。常规性工作的评估往往针对教学、教师、学生、教学设施、财政管理以及社会服务等方面予以展开,评定出不同的等级标准。专项性工作的评估则往往根据项目的不同而有所区别,但要保持与拨款工作的一致性则必须也将绩效因素的考虑纳入评估项目当中。无论是针对常规性工作的评估还是针对专项性工作的评估,评估往往都会将高等院校分成若干不同的等级并予以公开,并逐步建立起相对完善的高等院校评估体系,进而将评估结果直接融入拨款公式的计算之中,使其与两种类型的拨款直接挂钩,成为高等教育拨款分配的依据。

但无论是哪种类型工作的评估,评估局所进行的评估工作以及高等院校所提交的评估材料等辅助性工作必须遵循以下原则:

(1) 明晰度（Clarity）、一致性（Consistency）：强调高等院校所提供的所有用于评估的文件、资料及相关解释在内容与时间方面不能存在任何的矛盾点，即必须符合明晰度与一致性原则的要求，并可以随时满足高等教育拨款咨询委员会评估局所提出的咨询要求。

(2) 连续性（Continuity）、可信度（Credibility）：针对高等教育拨款咨询委员会评估局的评估工作，如果其评议的方法、材料格式要求以及评议的过程能够取得了各相关方（高等院校、政府、社会等）的信任，那么其相关评估工作必须要强调一种稳定性、连续性及保证其可信度的要求。高等教育拨款咨询委员会强调评估局的此种信任必须要保持，并且评估局任何评估方法的变动或改进，必须能针对其有明显的效果予以证明，并对其所需花费的代价进行成本与收益的分析权衡之后才可能作出。

(3) 有效性（Efficiency）：要求高等教育拨款咨询委员会评估局的评估工作必须讲求效率，每个周期的评估工作应该逐年降低各项开支的目标以提高评估效率，因为评估公式一旦确定便具有相对稳定性，而稳定性则保证了各项评估支出的可参照性，同时也对下一周期的评估工作提供经验进而降低支出。

(4) 中立性（Neutrality）：高等教育拨款咨询委员会及其评估局针对所有的高等院校及其学科发展只能提出促进

其不断提升质量的一般性激励建议,而对高等院校及其学科或者任何特定的研究领域以及研究行为,不能表示任何带有鼓励性或不鼓励性的意见,以此来保持评估的中立性。

(5) 同等性(Parity):一旦评估公式以及评估范围和项目得以确定,那么高等教育拨款咨询委员会评估局只针对各高等院校所提交的材料的真实性以及价值等级进行评估,涉及科研成果方面则不应考虑这些研究的类别、形式及研究地等因素,不能因为研究成果的类别不同、表现形式不同或者研究发生地不同而区别对待。

(6) 透明度(Transparency):高等教育拨款咨询委员会评估局所进行的评估工作,除涉及高等院校的保密性材料之外,针对高等院校及其学科的评估过程与评估结果都应当予以公开发布。

评估结果是拨款公式得以运行的前提,在针对拨款公式予以完善时,可以单独针对科研类的评估适用特定的拨款公式。因为科研评估结果与拨款公式直接挂钩,并且实现实际拨款与科研人员挂钩,如此便可决定高等院校参加评估的学科中每位科研人员的年度经费拨款数,"双挂钩"的模式使得此拨款数与各科研人员相关联,如果科研人员发生流动,那么针对其个人的拨款也跟随着流动。如此设计与完善拨款公式,不仅可以使高等院校的教师本人感到压力,而且还可以引发高等院校间对人才的相互竞争,进而凸显对人才的重视。

第四节　绩效导向拨款制度保障机制之构建

一、立法对高等教育拨款咨询委员会的地位予以明确和保障

高等教育拨款咨询委员会如要真正行使其权力、履行其职能、发挥其功能，一个很重要的前提便是需要有法律的保障。无论最终对高等教育拨款咨询委员会的性质如何定位，均需要在法律中予以明确，以使其获得授权，进而明确其职权与职责。而政府作为整个高等教育事业的管理者以及资金提供者，理应首先为高等教育拨款咨询委员会的发展提供法律保障。法律保障是发达国家高等教育拨款制度的一个典型特征，而我国规划建立高等教育拨款咨询委员会制度，法律保障也必不可少。然而，到目前为止，我国尚未专门针对高等教育拨款中介组织制定相关的法律法规，这便使得高等教育拨款中介组织的存在缺失"安全感"。从另一个方面而言，法律保障的缺失也无助于高等教育拨款中介组织在整个社会中威信的树立与地位的提升，从而对其拨款工作的顺利开展造成不利。因此，在我国整个高等教育管理体制发生转型的时期，政府应当尽快从法律层面上对高等院校拨款中介组织的性质和定位予以确立，

第四章　第三方参与背景下绩效导向之拨款制度设计

即将高等教育拨款咨询委员会的性质与地位在法律中予以明确，从而为其拨款工作的正常运转及理性发展提供法律保障。

以英国为例，英国的高等教育拨款委员会从提出筹备之日起便拥有明确的法律保障。1991年英国《教育白皮书》中便提出要建立统一的高等教育拨款委员会并明确界定其性质："高等教育拨款委员会将是独立的非政府的公共机构。"而1992年英国政府颁布了《高等教育和继续教育法》，从此高等教育拨款委员会也就依法而诞生了，并在该法中对其独立的法人地位予以明确，其拥有独立的人事、财政等权力，是承担着部分政府职责的组织。但同时也明确表明其并非是政府部门的组成部分，教育部和财政部对其并没有实际上的管理与控制权。拨款的职权与职责已经从英国政府转交给高等教育拨款委员会，因此，委员会的存在与运作有着明确的法律保障。

而我国要对高等教育拨款咨询委员会的性质与地位在法律上予以明确，是其行使其职权履行其职责的前提。高等教育拨款咨询委员会建立的主要目的是完善整个高等教育拨款制度，使高等教育拨款在各高等院校之间的分配更加趋于合理化，即既满足拨款公平公正的原则又符合促进效益提高的目的。而高等教育拨款咨询委员会的拨款活动是以其针对高等院校的评估活动为前提的，评估和拨款两项活动对整个高等教育拨款是至关重要的。因此，评估标准的确立、评估程序的安排以及拨款标准的确立、拨款程序的安排，不应仅仅被视为高等教育拨款咨询委员会一项简单的内部活动，应该是一项向社会公开的活动，这些标准与程序的公开最好也应当采用法律的形式予以明确，只有这样才能确保其确定性及法律效力，进而保证其更加有效地被遵守。

对高等教育拨款咨询委员会的性质与地位从法律上予以确认，其实质也就是将"政府-中介组织-高等院校"这种三元结构的高等教育拨款体制从法律上予以确认。除此之外，我们还应当创造法律环境，将高等教育拨款模式也纳入法律框架之中。高等教育拨款咨询委员会拨款工作能否顺利进行的非常关键的一步就是拨款模式的选择与运用，因此选择高等教育拨款模式，进而运用适当的拨款模式进行拨款，也是整个拨款工作的重要一环。将所选择的拨款模式纳入相关法律之中，有助于强化高等教育拨款模式的法律地位，进而确保拨款模式的实施更加明晰化和有法可依。总之，整个高等教育财政拨款制度的改革以及高等教育拨款咨询委员会制度的建立只有在相对完善的法律框架之下才能确保其更加科学、民主。

二、高等教育拨款咨询委员会的资金来源保障

关于高等教育拨款咨询委员会的资金至少应该包括两

第四章 第三方参与背景下绩效导向之拨款制度设计

个部分，一是高等教育拨款咨询委员会自身运作的资金，二是通过高等教育拨款咨询委员会拨付给高等院校的资金。任何一种资金的缺失或者不足都难以支撑整个高等教育拨款咨询委员会制度的运转。因此，要实现对高等教育拨款咨询委员会的资金来源的保障，则必须从以上两个方面予以保障。

高等教育拨款咨询委员会作为一个组织机构，其运转必然需要一定的资金。高等教育拨款咨询委员会包括主席、董事会、教育部部长秘书、评估局、拨款局、内部秘书处及各辅助小组等内设机构及人员，而这些内设机构的运转自然是需要一定的资金支持的。如评估局在对高等院校进行评估时，评估公式的制定不是凭空臆想出来的，而是经过大量的实践调研再经过实际案例的论证才能设计出比较完善的评估公式，并且每当评估公式的一个影响因素发生变化时，评估局的工作人员又要对其进行调研及其论证，而工作人员的调研及论证工作是需要支付工资的，这也是机构运作的保障。拨款局针对高等院校的拨款工作也绝非只是想象中简单的拨付行为而已，也会涉及拨款公式的设计，并且也要随着社会发展变化产生的新需求而予以调整，而这种设计与调整工作自然也需要大量的调研及论证工作做基础，如此也会产生大量的费用，而需要得到支持与保障。当然，除此之外，董事会的召开、秘书处的协调工作以及各辅助小组的辅助性工作也是需要资金支持的，而这些是高等教育拨款咨询委员会自身运作所必需的，否则将难以发挥其制度性的作用。

而对于通过高等教育拨款咨询委员会拨付给高等院校的这部分资金则更是重中之重。因为这是各高等院校生存与发展所需要的经费来源，是整个高等教育拨款制度的核心，也是高等教育拨款咨询委员会制度存在价值之所在。这一部分资金的主要来源自然应该是国家财政。我国的高等院校从其管理所属与经费投入的视角可以划分为三类：第一类是由教育部直接领导的高等院校，其经费来源和财务管理主要由教育部来负责；第二类是由中央其他部委直接领导的部属高等院校，其经费来源和财务管理则是由主管高等院校的中央业务部门直接负责；第三类则是由省、自治区、直辖市以及一般地市等直接领导的地方性高等院校，其经费来源与管理则是由省级政府或者省级以下的人民政府直接对口负责。基于此种现实，如要实现此类资金得到充实的保障，不会因为中央与地方、各部委与地方政府之间存在资金支持能力的差异而导致拨款存在问题，或者可能造成的公平性与发展性不足等问题，此类资金的最好存在方式是为其设立单独账户，即高等教育专项资金。当然高等教育专项资金的确定，不会仅仅依据高等教育拨款咨询委员会所提供给教育部部长的资金需求的建议，而是国家根据整个国民经济发展水平予以总体确立，然后再根据高等教育拨款咨询委员会的周期性目标予以确定。具体首先根据高等教育拨款咨询委员会的评估局与拨款局所确定的拨款比例及数额确定各个高等院校所需要的支持资金，然后再根据各个资金需求额确定一个全国的需求总额，使其与国家所确定的拨款比例（占国内生产总值）予以匹配，确定真正能够拨付给各个高等院校的实际数额。最后根据所确定的总需求额以及地域性的差异等因素，再从各个地方的财政预算中得以划拨，最终全部划入高等教育专项资金账户。资金划入专项性账户是保证高等教育资金划拨稳定性的必须，也是整个高等教育拨款咨询委员会制度运行的最重要的保障。

三、培育高等教育拨款咨询委员会的自律机制

鉴于国外高等教育评估机构的发展经验，完善的高等教育评估中介组织本身也需要受到监督。这种监督不仅应当包含来自政府方面的宏观调控性的监督，而且还应当包含来自评估中介组织自身的自律机制的监督。评估机构的自律机制属于评估中介组织的内部管理机制，是其发挥中介功能的基础，同时也是政府得以拓展其公共管理职能的前提。具体到我国的高等教育拨款咨询委员会制度，那么自律机制的设立与完善自然也是必不可少的。我国高等教

育拨款咨询委员会制度在机构的设置以及运行机制的安排上，早已体现出一种自律机制的运行，同时也体现出其较强的自律管理意识。

高等教育拨款咨询委员会的主席要保证高等教育拨款咨询委员会所有的政策和活动是符合教育部宏观发展战略的，保证高等教育拨款咨询委员会的运作能够真正实现高等教育拨款资金的价值。除此之外，还要确保董事会决策时遵循教育部所设定的指导原则；协调并促进拨款资金和其他资源实现有效利用；将董事会的评估结果与拨款决定公之于众，同时遵守高等教育拨款咨询委员会的治理规定，并提升自身及鼓励董事会成员高标准的道德操守。董事会则定期检查高等教育拨款咨询委员会运作的财务信息，及时知悉高等教育拨款咨询委员会的各类相关问题，并向教育部部长提供已对此采取适当措施的保证。评估局则会定期向高等教育拨款咨询委员会汇报工作，并负责监督拨款局能真正按照自己所提供的评估结果来拨付款项。拨款局除了将高等教育财政款项按照规定予以拨付之外，还负责对高等院校款项使用进行监督，并可以将监督中所发现的问题定期向高等教育拨款咨询委员会汇报，同时与评估局适时进行沟通，以便评估局评估工作的开展与完善。而高等教育拨款咨询委员会内部的主席、董事会、评估局以及拨款局对自身以及相互之间的监督作用，恰恰体现了高等教育拨款咨询委员会制度本身内部的自律机制的价值。

四、高等教育拨款咨询委员会制度的外部监管机制的完善

首先，教育部部长确定高等教育的发展框架、资金及学生数目。结合高等教育发展框架与高等教育拨款咨询委员会的目标制定其本周期内的业绩框架，确定其业绩目标。核定高等教育拨款咨询委员会运转所遵守的主要业绩目标、政策和业绩框架；随时向人大常委会报告高等教育拨款咨询委员会的业绩情况；批准支付给高等教育拨款咨询委员会的补助金、拨款和其他经费的额度；任命高等教育拨款咨询委员会的主要工作人员及任期和条件等。

其次，教育部部长特派员则负责监督高等教育拨款咨询委员会的主要业绩目标是支持国家与教育部的宏观高等教育战略；对高等教育拨款咨询委员会进行适当的财务与其他管理控制，其主要目的是实现对高等教育拨款资金的保护，确保高等教育拨款咨询委员会得到有效监督；确保高等教育拨款咨询委员会所实施的内部控制是合法、合理的，并且能够达到良好的财务管理的要求；确保给予高等教育拨款咨询委员会的任何资金都不能超过其资源请求中所列出的范围和额度。

最后，高等教育拨款咨询委员会的辅助小组还要协助教育部部长特派员及时充分地了解高等教育拨款咨询委员会的业绩状况和风险管理信息，有助于教育部部长特派员实现对其活动进行定期风险评估以及监督，帮助及时发现和处理高等教育拨款咨询委员会内部的财务问题；及时通知高等教育拨款咨询委员会政府所坐的临时性政策调整，以便采取适当措施。

五、完善委员会制度与高等院校内部财务制度之间的协调机制

通过建立高等教育拨款咨询委员会制度来完善我国新型的高等教育财政拨款制度，其所解决的主要问题是如何实现公平、合理与高效地在高等院校之间分配高等教育财政拨款，即解决的主要是一个"分"的问题。而"分"这个问题只是整个高等教育拨款制度的一步，接下来更关键的一步是"用"的问题。而这个"用"的问题则直接将焦点指向了各个高等院校。因此，不仅要建立完善的高等教育拨款咨询委员会制度，还要将其与高等院校的内部财务制度建立相关的协调机制，如此才能更好地实现高等教育拨款真正的目的与效果。并且高等院校内部拥有合理、科学、高效的成本、预算及财务管理制度也是整个高等教育财政拨款制度得以顺畅运行的重要影响因素。因此，必须同时针对高等院校微观层面的资金管理体制予以改革，使

第四章　第三方参与背景下绩效导向之拨款制度设计

其能够与高等教育拨款咨询委员会制度相适应，从而真正实现高等教育拨款在提升整个高等教育质量方面的价值。高等教育拨款咨询委员会制度改革的目标之一便在于促进高等教育财政拨款的使用效率的提高。而把高等教育拨款咨询委员会制度的设立与高等院校微观财务管理体制的改善相结合，则是进一步提高高等教育拨款经费使用效率的重要环节。针对这一重要环节即协调机制的建立，一方面高等教育拨款咨询委员会应该遵循"公平、透明、效率"的原则，将高等教育资金分配给各个高等院校，从宏观层面上实现资源的有效配置，而另一方面，更重要的则是针对这种宏观层面的拨款制度的设立还需要辅之以高等院校科学的微观层面上的财务管理制度，通过形成对高等院校有力的监控机制去促进高等院校自身提高高等教育拨款的使用效率。从微观层面来讲，高等院校的内部财务管理是整所院校内部一切经济活动的根本，而预算管理则是高等院校整个财务管理工作的核心，预算质量的效果如何将直接决定着各高等院校的整个财务状况。随着社会主义市场经济体制及相关机制的建立，整个高等教育管理体制改革的不断深化和高等院校面向社会独立办学局面的逐渐形成，高等院校传统的预算管理方法已经不能很好地适应时代发展的需要。在自主办学理念的指导下，面对高等教育拨款咨询委员会制度设立的新形势，高等院校内部财务管理也将面临新情况和新问题，尤其是针对预算管理的科学性、全面性和严肃性方面的要求会进一步提高。面对如此的新环境和新形势，如何对高等院校有限的资源进行有效的合理配置，提高高等教育拨款资金的使用效率，进而实现预算管理与绩效管理的有效协调与整合是整个高等院校财务管理的核心工作。

各高等院校目前需要做的工作主要包括以下几个方面：

第一，规范校内财务预算管理机制，使财务预算更加全面与科学，并能够为高等教育拨款咨询委员会拨款局提供真实可靠的预算数据，从而使高等教育拨款也更具科学性与准确性。并且需要坚持综合财务预算实行财务集中管理，只有如此才能真正预算高校自身所需资金规模及数额。同时也应该适当增加二级单位的经费自主权，使高等教育拨款更能体现其效率性。

第二，做好专项资金的管理工作并实行严格的财务监督制度。国家通过各种"基金""工程""计划"等途径拨付给高等院校的专项资金，具有极强的针对性和效益性的要求，具有专款专用的特点，不得任意截留或挪用，因此，针对专项资金应确保各相关单位及工作人员责任清晰、规范使用，并与高等教育拨款咨询委员会建立相关的监督协调机制，以使高等院校的资金使用状况受到来自内外两个方面的监督。

第四章　第三方参与背景下绩效导向之拨款制度设计

第三，保证教学等常规性经费的充足。常规性经费是各高等院校得以运转的基本保障，因此除少数研究型高等院校侧重于科研之外，绝大部分高等院校都采取教学与科研并重或者是以教学为主的策略。高等教育拨款咨询委员会在坚持公平原则指导下对高等院校的常规性经费需求予以分配，而各高等院校仍然有义务将常规性经费更加有效地予以利用，当然利用的前提便是使教学经费的投入比例进一步明确，从而保障高等院校教学经费的充足。

针对以上几个方面的工作，高等院校都需要拥有一种科学合理以及高校的预算编制方法。绩效预算是一种被许多国家或政府部门证明了其先进性的预算编制方法，被誉为"世界性的财政改革潮流"，也被认为是我国预算管理改革的方向。[1]把绩效预算引入我国普通高等院校的财务管理工作，是深化高等院校预算改革的必然要求，也是理顺财务关系，加强与高等教育拨款咨询委员会协调完善预算管理的需要，进而有助于整个高等院校资源配置效率的提高，实现"目标—投入—产出—效果—新目标"的良性循环，以适应新形势下中国高等教育发展变化的要求。

---

[1] 颜廷兰："基于绩效管理理论的高等教育拨款模式改革研究"，载《中国成人教育》2011年第24期。

参考文献

（一）书籍类

[1] 蒋凯：《全球化时代的高等教育：市场的挑战》，北京大学出版社2013年版。

[2] 陈超：《中国重点大学制度建设中的政府干预研究》，广东高等教育出版社2009年版。

[3] [美]米尔顿·弗里德曼：《资本主义与自由》，张瑞玉译，商务印书馆1986年版。

[4] 石金涛：《绩效管理》，北京师范大学出版社2007年版。

[5] 唐士其：《国家与社会的关系——社会主义国家的理论与实践比较研究》，北京大学出版社1998年版。

[6] [荷兰]弗兰斯·F.范富格特主编：《国际高等教育政策比较研究》，王承绪等译，浙江教育出版社2011年版。

[7] 冯平：《评价论》，东方出版社1995年版。

[8] 崔玉平：《高等教育制度创新的经济学分析》，北京师范大学出版社2002年版。

[9] [美] 麦克尔·巴泽雷:《突破官僚制:政府管理的新愿景》,孔宪遂等译,中国人民大学出版社 2002 年版。

[10] [澳] 欧文·E. 休斯:《公共管理导论》,彭和平等译,中国人民大学出版社 2001 年版。

[11] 杨雪冬、薛晓源:《第三条道路与新的理论》,社会科学文献出版社 2000 年版。

[12] 俞可平:《治理与善治》,社会科学文献出版社 2000 年版。

[13] 郭志斌:《论政府激励性管制》,北京大学出版社 2002 年版。

[14] [美] 德里克·博克、乔佳义编译:《美国高等教育》,北京师范学院出版社 1991 年版。

[15] [美] E. 马克·汉森:《教育管理与组织行为》,冯大鸣等译,上海教育出版社 1993 年版。

[16] [美] 波顿·R. 克拉克:《高等教育系统——学术组织的跨国研究》,王承绪等译,杭州大学出版社 1994 年版。

[17] 钱理群、高远东:《中国大学的问题与改革》,天津人民出版社 2003 年版。

[18] 胡建华:《现代中国大学制度的原点:50 年代初期的大学改革》,南京师范大学出版社 2001 年版。

[19] [美] 亚伯拉罕·弗莱克斯纳:《现代大学论——美英德大学研究》,徐辉等译,浙江教育出版社 2001 年版。

[20] 陈学飞主编:《中国高等教育 50 年(1949-1999)》,教育科学出版社 1999 年版。

[21] 黄福涛:《欧洲高等教育近代化——法英德近代高等教育制度的形成》,厦门大学出版社 1998 年版。

[22] [美]菲利普·G.阿特巴赫:《比较高等教育:知识、大学与发展》,人民教育出版社教育室译,人民教育出版社2001年版。

[23] [美]罗伯特·伯恩鲍姆:《大学运行模式——大学组织与领导的控制系统》,别敦荣主译,中国海洋大学出版社2003年版。

[24] 张维迎:《大学的逻辑》,北京大学出版社2004年版。

[25] 陈洪捷:《德国古典大学观及其对中国大学的影响》,北京大学出版社2002年版。

[26] [英]托尼·布什,强海燕译:《当代西方教育管理模式》,强海燕译,南京师范大学出版社1998年版。

[27] 袁振国主编:《中国教育政策评论》,教育科学出版社2000年版。

[28] [美]道格拉斯·C.诺斯:《制度、制度变迁与经济绩效》,刘守英译,上海三联书店1994年版。

[29] 张应强:《文化视野中的高等教育》,南京师范大学出版社1999年版。

[30] [加]许美德:《中国大学——一个文化冲突的世纪》,许英杰译,教育科学出版社2000年版。

[31] 杨汉清、韩骅:《比较高等教育概论》,人民教育出版社1997年版。

[32] [英]阿什比:《科技发达时代的大学教育》,滕大春等译,人民教育出版社1983年版。

[33] 张应强:《高等教育现代化的反思与建构》,黑龙江教育出版社2000年版。

[34] [美]约翰·布鲁贝克:《高等教育哲学》,王承绪等译,浙江教

育出版社 2001 年版。

［35］张德祥：《高等学校的学术权力与行政权力》，南京师范大学出版社 2002 年版。

［36］贺国庆：《德国和美国大学发达史》，人民教育出版社 1998 年版。

［37］陈列：《市场经济与高等教育——一个世界性的课题》，人民教育出版社 1996 年版。

［38］熊志翔等：《高等教育制度创新论》，广东高等教育出版社 2002 年版。

［39］王平心，殷俊明：《高等院校内部绩效评价研究》，科学出版社 2010 年版。

（二）论文类

［1］林亚男："地方高校教育财政保障创新研究"，载《教育评论》2018 年第 10 期。

［2］袁连生、何婷婷："中国教育财政体制改革四十年回顾与评价"，载《教育经济评论》2019 年第 1 期。

［3］尹玉玲："论我国高等教育财政体制改革的历史、现状与未来"，载《2004 年中国教育经济学学术年会论文（二）》。

［4］王寰安、张兴："外国高等教育拨款模式比较分析"，载《国家高级教育行政学院学报》2002 年第 4 期。

［5］陈国良："中国高等教育财政体制改革研究"，载《上海高教研究》1996 年第 4 期。

［6］王建梁："大学自治与政府干预：英国大学——政府关系的变迁

历程",载《清华大学教育研究》2005年第6期。

[7] 谢炳生:"关于加快高校财政专项资金支出进度的思考",载《中国管理信息化》2016年第21期。

[8] 钟宇平、龚放、陆根书:"中国高等教育财政筹划刍议",载《高等教育研究》1996年第6期。

[9] 田凤喜:"谈我国高等教育拨款方式的改革",载《商业时代》2005年第26期。

[10] 周志刚、宗晓华:"重点建设政策下的高等教育竞争机制与效率分析——兼论对'双一流'建设的启示",载《高教探索》2018年第1期。

[11] 由由、吴红斌、闵维方:"高校经费水平、结构与科研产出——基于美国20所世界一流大学数据的分析",载《高等教育研究》2016年第4期。

[12] 李斌琴、彭旭、丁云华:"'双一流'背景下部委属高校与地方高校的协同发展——政策研究的视角",载《当代教育科学》2018年第1期。

[13] 涂端午:"权威分裂,价值冲突,反控制——高等教育政策制订中的主要问题分析",载《教育发展研究》2010年第7期。

[14] 周雪光、艾云:"多重逻辑下的制度变迁:一个分析框架",载《中国社会科学》2010年第4期。

[15] 胡赤弟、闫艳:"以绩效评价促进质量保障:高等教育质量保障体系建设的宁波实践",载《中国高教研究》2017年第12期。

[16] 唐兴霖、尹文嘉:"从新公共管理到后新公共管理——20世纪70年代以来西方公共管理前沿理论述评",载《社会科学战线》

2011 年第 2 期。

[17] 毛丹:"多重制度逻辑冲突下的教育政策制定过程研究——以美国伊利诺伊州高等教育绩效拨款政策制定过程为例",载《教育发展研究》2017 年第 7 期。

[18] 毛丹:"美国高等教育绩效拨款政策的演进——多重制度逻辑的视角",载《国际视野》2016 年第 9 期。

[19] 张伟、朱嘉赞:"美国高等教育绩效拨款实践:经验与启示",载《江淮论坛》2017 年第 3 期。

[20] 佟婧、申晨:"'双一流'背景下大学筹资制度改革的路径探析",载《北京教育(高教)》2018 年 11 期。

[21] 宗晓华、陈静漪:"英国大学科研绩效评估演变及其规制效应分析",载《全球教育展望》2014 年第 9 期。

[22] 杜今:"从缓冲器到战略家——探析角色视角下英国大学拨款委员会的转型演变",载《教育现代化》2019 年第 92 期。

[23] 黄波:"浅析我国高等教育财政体制的公平与效率问题",载《现代教育科学》2007 年第 7 期。

[24] 颜廷兰:"基于绩效管理理论的高等教育拨款模式改革研究",载《中国成人教育》2011 年第 24 期。

[25] 陈齐:"高等教育拨款咨询机构分析",载《财会通讯》2015 年第 12 期。

[26] 柯芳玮:"发达国家高等教育拨款特色对我国的启示",载《会计之友》2014 年第 28 期。

[27] 邵毓琳:"谈谈高校科技评估工作的科学性——对英格兰高等教育拨款委员会评估方法的借鉴",载《研究与发展管理》2002

年第 1 期。

[28] 李永宁:"高校预算绩效拨款模式改革:现实问题与应对路径——基于试点省份的探索",载《教育发展研究》2016 年第 1 期。

[29] 沈洪涛:"对推进我国高等教育绩效拨款改革的思考",载《财会月刊》2015 年第 14 期。

[30] 刘复兴:"公共教育权力的变迁与教育政策的有效性",载《教育研究》2003 年第 2 期。

[31] 赵婷婷:"自治、控制与合作——政府与大学关系的演进历程",载《现代大学教育》2001 年第 2 期。

[32] 顾建民:"西方国家政府与大学关系的基本走向",载《上海高教研究》1998 年第 2 期。

[33] 郎益夫、刘希宋:"高等学校治理结构的国际比较与启示",载《北方论丛》2002 年第 1 期。

[34] 姜文军、郭建:"谈高等院校内部的依法治理",载《西北工业大学学报(社会科学版)》,2000 年第 4 期。

[35] 廖湘阳、王战军:"我国教育中介机构的组织特性分析",载《江苏高教》2002 年第 5 期。

[36] 谷贤林:"政府与大学关系纵论",载《理工高教研究》2002 年第 5 期。

[37] 蒋建湘:"论现阶段我国政府与高校的角色定位及其关系调整",载《现代大学教育》2002 年第 5 期。

[38] 劳凯声:"高教体制改革中如何理顺政府与高校的法律关系",载《中国高等教育》2001 年第 20 期。

[39] 赵霖平:"政府与公立高校经营者的委托代理关系",载《黑龙江高教研究》2002 年第 6 期。

[40] 刘铁:"我国现行大学制度的历史演进及特征",载《黑龙江高教研究》2003 年第 2 期。

[41] 盛冰:"教育中介组织:现状、问题及发展前景",载《高教探索》2002 年第 3 期。

[42] 许长青:"当代发展中国家政府与高等教育关系的理念框架",载《现代教育科学》2004 年第 5 期。

[43] 蒋洪池:"欧美大学与政府权能关系的演变及其对中国的启示",载《清华大学教育研究》2004 年第 4 期。

[44] 史雯婷:"从高等教育的社会治理看第三部门的发展",载《江苏高教》2004 年第 3 期。

[45] 陈纪瑜、张宇蕊:"现代公共事业单位预算绩效评价问题",载《求索》2004 年第 10 期。

[46] 张泽明、王丽萍等:"高校绩效预算管理模式研究",载《西南科技大学学报(哲学社会科学版)》2004 年第 3 期。

[47] 王明秀、孙海波:"高等学校预算绩效评价及对策与措施研究",载《科技与管理》2005 年第 4 期。

[48] 吴建南、李贵宁:"教育财政支出绩效评价:模型及其通用指标体系构建",载《西安交通大学(社会科学版)》,2004 年第 2 期。

[49] 张亚伟、汪安佑:"基于综合定量指标法的高校绩效评价",载《国家教育行政学院学报》2009 年第 6 期。

[50] 张延清、陈华:"高等教育财务绩效评价体系研究",载《技术

与创新管理》2011年第2期。

[51] 王晓辉:"关于完善高校科研绩效考评体系的思考",载《中国高等教育评估》2011年第3期。

[52] 郑鸣、赵璧辉:"基于非财务信息的我国高校财务绩效评价实证研究",载《教育科学》2008年第1期。

[53] 梁传杰:"学科绩效评价方法的构建与应用",载《高教发展与评估》2010年第4期。

[54] 许余洁、王鑫:"高校科研效率与规模收益状况",载《兰州学刊》2011年第2期。

[55] 王丽萍、郭岚等:"高校新绩效预算管理的组合评价方法研究",载《会计研究》2008年第2期。

[56] 林春丽:"高校人文社科科研绩效评价方式的科学性探讨",载《高校教育管理》2011年第2期。

[57] 胡耀宗:"不同类属高等学校财政差异分析",载《中国高教研究》2011年第11期。

[58] 沈百福:"改革开放以来我国财政教育投入研究",载《复旦教育论坛》2008年第5期。

(三) 学位论文

[1] 张振华:"高校办学自主权及其落实问题研究",南京农业大学2012年硕士学位论文。

[2] 刘凌波:"高校绩效拨款机制的设计与应用研究——以北京市高等教育绩效拨款实践为例",首都经济贸易大学2017年硕士学位论文。

[3] 代霞:"高等教育评估中介组织生存发展研究",湖南师范大学2005年硕士学位论文。

[4] 鲁丽莎:"完善高等教育评估体系的研究",厦门大学2006年硕士学位论文。

[5] 李敏明:"关于完善我国高等教育评估体系的研究",苏州大学,2008年硕士学位论文

[6] 宋倩:"高等学校应用性本科专业教育评估体系的研究",合肥工业大学2009年硕士学位论文。

[7] 陈能浩:"社会转型时期高等教育评估中介组织的培育",华南师范大学2004年硕士学位论文。

[8] 俞晋:"高等教育财政拨款体制研究",西南交通大学2010年硕士学位论文。

(四) 外文类

[1] Bowen H. R., *The Cost of Higher Education: how much do colleges and university spend per student and how much should they spend?* Jossey Bass publishers, 1980.

[2] Piore M. J.," Notes for a theory of labor market stratification", 1972 *Working Paper No.* 95, Dept. of Econ., Mass. Instit. of Tech. Oct. 1972.

[3] Bhagwati J. N., "Directly unproductive, profit-seeking (DUP) activities", *The journal of political economy*, 1982.

[4] Leibenstein H., "Allocative efficiency vs. X-efficiency", *The American Economic Review*, 1966, 56 (3).

[5] Burgess T., *The shape of higher education*, Cornmarket Press, 1972.

[6] Berelson B., *Graduate education in the United States*, McGraw-Hill, 1960.

[7] Burke J. G. & Associates, *Funding Public Colleges and Universities for Performance: Popularity, Problems, and Prospects*, Albany, The Rockefeller Institute Press. 2002.

[8] Kivisto J., *Agency theory as a framework for the government-university relationship*, Tamere University Press, 2007.

[9] HOYT JEFF E., "Performance funding in higher education: the effects of student motivation on the use of outcomes tests to measure institutional effectiveness", *Research in Higher Education*, 2001, 42 (1).

[10] Benson C., "The Economics of Public Education 1978 (3rd edition)", *The Encyclopedia of Education, Research and Study*, 1985 (4).